增长新思维

逆势增长的 7大系统

姜岚昕 ◎ 著

NEW
GROWTH
THINKING

7 ASPECTS OF
CONTRARIAN
GROWTH

◐ 中华工商联合出版社

图书在版编目（CIP）数据

增长新思维：逆势增长的 7 大系统 / 姜岚昕著 . -- 北京：中华工商联合
出版社，2021.1

ISBN 978-7-5158-2883-1

Ⅰ . ①增…　Ⅱ . ①姜…　Ⅲ . ①企业发展－研究　Ⅳ . ① F272.1

中国版本图书馆 CIP 数据核字（2020）第 208307 号

增长新思维：逆势增长的 7 大系统

作　　者：姜岚昕
出 品 人：李　梁
责任编辑：于建廷　效慧辉　王　欢
特约编辑：原　煜　章　晨
装帧设计：水玉银文化
责任审读：傅德华
责任印制：迈致红
出版发行：中华工商联合出版社有限责任公司
印　　刷：三河市燕春印务有限公司
版　　次：2021 年 6 月第 1 版
印　　次：2024 年 1 月第 2 次印刷
开　　本：710mm×1000 mm　1/16
字　　数：220 千字
印　　张：16.25
书　　号：ISBN 978-7-5158-2883-1
定　　价：49.90 元

服务热线：010-58301130-0（前台）
销售热线：010-58301132（发行部）
　　　　　010-58302977（网络部）
　　　　　010-58302837（馆配部、新媒体部）
　　　　　010-58302813（团购部）
地址邮编：北京市西城区西环广场 A 座
　　　　　19-20 层，100044
投稿热线：010-58302907（总编室）
投稿邮箱：1621239583@qq.com

2021 年，注定又是不平凡的一年——中国共产党成立一百周年、"十四五"规划的开局之年……然而，世界也正处在百年未有之大变局中，经济全球化动力在逐渐衰减，新冠疫情导致经济增长速度放缓，贫富差距进一步拉大；全球经贸摩擦形势严峻，大国竞争呈现扩大趋势，我国很多企业成为被制裁的焦点。

刚刚从疫情中艰难挺过来的很多企业又面临新的生存危机。作为经济发展重要主体的企业，应该如何度过危机？如何生态增长、良性盈利？这是每一个企业都必须思考的问题。

在过去 20 多年的时间里，我一直从事着企业管理教育的工作，传道分享，不是在演讲，就是在去演讲的路上，我把我的时间和精力都投入如何让中国企业走上生态增长的道路上，也一直在不断地引导更多人走向光明和灿烂。在别人的眼里，我错过了诸多人间的美好，但我却一直在引导人向上、向善、向爱的路上。这是我人生最大的理想，也是我生命最大的价值，也是我觉得每一天最有意义的时刻。

当新冠疫情发生之后，我第一时间想到的就是怎样能够帮助更多的人在未来走得更好、走得更有力量？当疫情开始全球蔓延的时候，当很多人心怀恐惧的时候，我就在想——作为一个从事20多年企业管理教育的工作者，我能为这个社会、为这个国家贡献什么样的力量？我们如何才把危机变成发展的契机？

不屈的战斗精神是中华民族在灾难面前仍能代代传承的保障，更是此时此刻万千中国企业的精神支柱。在世华，我一直和团队在身体力行地践行着战斗精神，并将"敢打硬仗、能打胜仗、攻坚克难、荣辱与共"的战斗精神郑重地写入《世华基本法》。面对全球依然肆虐的疫情和复杂多变的贸易环境，我对"战斗精神"这四个字有了全新的认知：哪怕就是一个人，也可以像战士一样冲锋；哪怕是一个普通人，也可以逆风而上；每个人都可以成为各自领域的最美逆行者。

中华民族，苦难深重，但却从未在浩瀚历史前停滞不前，因为每时每刻都有这样一群战士、一群理想主义式的"疯子"，"宁可向西而死，不愿向东而生"玄奘式地逆向而行。

这个世界上有一种义务叫义无反顾；这个世界上有一种人生叫向死而生。罗曼·罗兰说："伟大的背后全是苦难。"

虽然中国经济整体在上升，但受疫情影响，很多企业利润下滑，现金流难以为继，有些已经倒闭或临近倒闭。很多企业开始要转型与创新，但却不知道该如何转型创新。许多企业还在想方设法熬过去，活下来！

然而，现实情况却是：中国中小企业的寿命平均只有2.5年，有85%的企业在10年之内消失……

我们的企业因何如此不堪一击？

其实只有一个原因，因为背"道"而驰。

什么是道？道，就是无我利他，不是从自我的利益、自我的角度、自我的欲望来定义和追求一些东西。当人越"无我"，才可能越有无限的能量、成就与感召力，你越是"有我"，你的思想资源、能力资源就越有限。

企业家未来如何走得更好更远？这需要构建增长的新思维，即生态化增长思维、模式和系统。其实，不仅人类社会存在疫情，会给我们带来生死危机，企业当中也可能爆发"疫情"，给商业环境带来灾难，这就需要每一个企业家更注重商业生态。

商业生态，就是企业在创办之际，不是自我利益最大化，而是社会价值最大化。而社会价值就是企业的存在能为社会创造一些推动，让社会更美好，为社会的整个进程贡献力量，比如说，怎样为客户创造价值，为同仁搭建好的平台，为上下游带来更多的收益，为股东创造更好的回报，为社会做出更好的贡献。

而本书从7个不同的方向——企业领导者的思想认知、合作链条、社会角色、客户变化、商业思维、流量方向、组织形态——探讨增长新思维，构建具有战斗型的组织系统、打造企业价值链系统、构建内外一体化的驱动系统、贯通线上线下融合体系、建立可持续的商业生态系统、设计卓越营销组合系统、升级组织竞争力系统。

我希望通过书中观念的引导、方法论的操作，工具的实操，能够真正地指引企业如何顺势而为，达到逆势增长的效果。只有很好地把握这些变化、趋势，把危机变成契机，我们才能成为行业的引领者。

疫情之后的2021年，是全球企业的重构之年，是改变行业秩序的历史性契机。企业如何实现生态增长？一定是基于充足的知识储备；企业能够持续增长，一定是取决于学习维度、学习力度、学习速度。任何一项能力缺失，企业都会遭遇重大损失，甚至倒闭。所以，企业家必须不断更新自己的知识结构，构建知识体系，拥有知识信仰，避免知识折旧。

战"疫"之下，内功为上。一直以来，我都是带着匠心来打造这部作品。所以从这本书的构思、创作、案例的搜集、实操工具的选择，每一个字、每一个表格、每一幅图片，我都拿出最高的标准，同时以一颗神圣心和敬畏心来打磨所有内容。希望本书的内容能够帮助更多企业自我提升，助力企业团队自我刷新。磨难终将过去，而我们中国企业的修行之路才刚刚开始，我会陪伴着中国企业家一路成长，不断驰援企业。

虔诚祈愿，祖国强大，民族昌盛，我将以百年不变的虔诚，用教育传道的方式，承载时代使命，助力中国企业生态增长。祈福中国企业几十年风雨沉淀之后，可以尽显全球企业格局。让我们为中华民族深深祈福，祈福华夏大地历经苦难之后，尽展辉煌。

▶▶▶ 目 录 ◀◀◀

第一章

构建战斗型
组织系统

战斗型组织，对成功充满渴望，对失败也心存畏惧。企业都希望自己的团队具有战斗性，而这需要构建落地的战斗文化；组织战斗力的强弱首先与组织构建的形态有着紧密的联系。那些敢打能赢的战队，是战斗文化从表象向组织基因完整渗透与融入的过程，这需要企业对整个环节进行详细规划，并且在规划后自上而下，由里及外地反复训练和总结，以此形成组织战斗力深度记忆。一个高效的组织，其制度必然是严谨的，但是严谨的另一面则是深深的战斗情谊。

第一节　如何构建落地的战斗文化

有一个国家我一直特别向往，它的专利排世界第一，人均阅读率世界第一，是世界上获得"诺贝尔奖"最多的国家。相信大家知道这是一个什么样的国家，就是以色列——被誉为"全世界的财富在美国人的口袋里，而美国人的财富在犹太人的口袋里"的一个神奇国家。为什么我对这个国家特别神往？

2019 年 7 月初，我带领华夏商学院社会企业家实修大学的同修们一行前往以色列。最难忘的一件事情，就是在赛格夫将军家做客的时候，他跟我分享："经历了六次中东战争洗礼后，以色列是越战越猛，全民都拥有了战斗精神。"1948 年以色列刚建国时，还没有军队，就经受了战争的洗礼。六次中东战争，最严重的一次是安息日时，他们受到攻击。那个时候所有人都在家里进行安息，他们没有生火，连灯都没有开。在这种情况下，一天多的时间，死伤了 5000 多人，但最后依然赢得了战争的胜利。

我问赛格夫将军，为什么以色列在每一次中东战争中都能获得胜利？他说："原因很简单，以色列人都非常清楚地知道，如果不战斗，就亡国。"他说，犹太人当中那些年满 12 岁的优秀孩子，都要到军队进行严格训练，让这些智商最好的孩子，接受战斗精神和战斗文化的洗礼；每个年满 18 岁的人都有参军的义务；45 岁之前，每年会有不同时间段的军事训练。他说，当这种"战斗精神"——"不战斗，就亡国"的文化融入每个人的思想、血液和灵魂的时候，整个民族就拥有了全民战斗、全民创业的精神。当我们在面临环境挑战的时候，这种战斗精神和战斗魂魄，在每一个犹太人的心中都能激发出一种强大的力量。

这就是我对这个国家神往的原因——全民战斗精神。这种精神不仅仅让犹太人在遭遇战争时获得胜利；更重要的是，让每一个犹太人的视野中、工作中，都保持这种战斗的状态，去创造奇迹。所以，从中我得到了一个最大的感受：

不战斗，就亡国；一个企业不战斗，就亡企！

回国后，我就在世华的团队中，大力倡导战斗文化。通过一系列措施激发团队的士气斗志、磨砺战斗意志，培育世华敢打必胜的战斗精神。

接下来，我跟大家分享一下，如何在组织中去构建战斗文化。

1. 战斗文化的源起不是简单的讲故事

战斗文化的源起，其实就是要讲好一个故事。就像我一样，去以色列，这种战斗文化给我带来的巨大影响，就是世华战斗文化和战斗精神的一种源起。

当然，除了以色列，我们可以带领团队去延安、去西柏坡、去井冈山，去毛主席故居……去看一看这些革命圣地，感受一下这些革命火种传播的力量；可以观看一些战斗文化的电视剧和电影，比如《亮剑》《彭德怀元帅》《四渡赤水》；

我们还可以了解一些战斗故事，比如百团大战、台儿庄战役等。

参观这些革命圣地、观看革命影视剧、了解战斗故事，可以激励企业上下传承红色奋斗的传统，弘扬战斗精神，坚持改革创新，勇于担当作为，最终实现企业更高的发展。

2. 直指人心的战斗理念靠谁构建？

理念定位的正确性直接决定着企业的发展方向，一个好的企业理念可以引导企业制定正确的、符合企业发展的战略、定位，以及内部管理的重点。

战斗理念不是靠老板一个人来建立，而是把团队成员组织在一起，透过这种革命圣地的洗礼，或者观看有战斗精神的影片，或者战斗故事的感召，让大家一起在市场的环境中，在强大的竞争中，思考如何保持持续的竞争优势。

这种理念共建是非常重要的。它不是靠一个人，而是要靠组织共同去构建。在理念共建的过程中，相互影响、相互感召、相互渗透，最后融入每个人的内心。

因此，当我从以色列回来后，就组织世华的团队思考，如果世华要提炼战斗精神，应该怎么做？最后提炼了十六个字：

敢打硬仗、能打胜仗、攻坚克难、荣辱与共。

这十六个字，不断地植入每一个世华人的内心，把这种文化、理念共建起来。这十六个字也适用于其他企业。对于任何企业来说，困难并不可怕，当打造出具有超强凝聚力的虎狼之师，发扬勇于牺牲的战斗精神，激发团队战斗力，提升组织战斗绩效，必定战无不胜。

当然，每个企业的情况不同，需要根据自己的实际情况来提炼战斗精神，而最关键的两点是分析企业定位与行业本质。

一般来说，优秀的企业战斗理念都具备两大特性：一是导向正确，即体现对人的价值和商业规则的认同与尊重，且体系完整、逻辑严谨，全面支持企业战略需求；二是个性鲜明，即符合行业本质，富有企业个性，文采生动、易于理解与传诵。因此，每个企业可以结合自身的实际情况思考：

企业的战斗文化是什么？企业组织的战斗理念是什么？

大家可以组织团队一起来共建共创，在共建的过程中实现对战斗精神的植入和战斗理念的贯彻。

3.理念植入的组合拳招招命中

理念植入是一个非常重要的环节。任何不落地的理念，都只是空中楼阁，站不住脚。如何把理念植入组织的整个行为之中，变成全员的一种常态的行动？这里说几点落地的措施：

（1）标语持续渗透

标语的渗透，最大的价值就是通过视觉化、听觉化的语言，不断触动组织成员的内心，让标语所传达的理念变成一种成员常态行为的贯彻。比如在企业，我们看到、听到，以及感受到的行为，可以进行标语转化。如下表，我们可以首先通过语言习惯的改变，来进行渗透。

名称	战斗标语转换	备注
同事、同仁、家人	战友	
团队	战队	
同仁	战士	
销售业绩	战绩	
销冠	战神	
会前会	战前会	
会后会	战后会	
市场区域、销售区域	战区	东南西北中不同的战区
培训	集训	
首轮销售	首战	
领导	指挥官	
市场中心	市场指挥中心	
总裁	总司令	
副总裁	司令	
市场支持中心	作战保障中心	
业绩	战功	一等功、二等功等
模范、精英	战神	
活动	战役	

通过这种标语化、视觉化、听觉化的不断渗透，战斗理念会慢慢变成企业团队的一种基因，让战斗文化在组织中逐步生根。

（2）VI形象打造

VI形象是以标志、标准字、标准色为核心展开的完整的、系统的视觉表达体系。当企业的VI系统能够将企业理念、企业文化、服务内容、企业规范等抽象概念，转换为具体记忆和可识别的形象符号，把"战斗的精神"植入进去，从而塑造出排他性的企业形象。具体可以从以下方面着手：

着手方向	打造内容
岗位规范	注明工作行为方面的规定
形象规范	注明日常着装、仪容和举止方面的规定
语言规范	注明言语措辞方面的规定
社交规范	注明与人沟通中的注意事项
办公环境	注明维护保持统一整洁办公环境方面的规定
人际关系	并非行为的规定，主要体现礼貌交往

通过这些措施，让团队在这种气场中，不断地看到、听到、感受到战斗理念，潜移默化地影响，能够在他内心中不断发芽，从而生长出一种战斗的力量。

（3）重复强化

一个组织、一个团队能有战斗精神，不是一朝一夕就能形成的。它需要长期以来，战斗理念的不断渗透、重复贯彻，慢慢地在人的心中生根，才能形成一种强大的力量。

我们可以看到在武汉新冠疫情爆发时，当所有人在面临生命危险的时候，那些白衣战士、军人们冲到了最前沿、最危险的地方，上演了一幕幕非常感人的事迹。

哪有什么岁月静好，只不过是有人替你负重前行。

自贡市委书记哽咽送别驰援武汉的医护人员：打赢战斗，期待凯旋。

328万盐都人民都期待你们平安归来，绝对不允许任何一个人掉队。

2020年2月4日，陕西43名人民医院医护人员驰援武汉，带了反射车、指挥车、宿营车等相当于一个二级乙等医院的装备。陕西"搬"一座医院驰援武汉。

山东的护士驰援武汉时，护士长为出行的护士剪发送行：我给你剪下长发，我们等你回来。一个个被剪掉长发，留着光头的护士握紧拳头，坚定地说："疫情不除，头发不留。"

抗疫期间，物资紧缺，很多奔赴抗疫一线的医护人员为了节省防护服，不敢喝水吃饭，甚至生理期也不换衣服。金银潭医院南楼五病区主任夏家安流着泪说："医生看惯了生死，但这几天我确实禁不住泪流满面。不是为我自己流泪，而是看见我的同事，不能上厕所，不能吃东西，不能喝水。我们已经做了一个医务工作者所能做的一切。"

医护人员长期坚守在抗击新冠疫情第一线，每天身着厚重的防护服，持续 8 小时以上地佩戴着严实的 N95 口罩，脸部压痕处红肿、痛痒，甚至溃疡……

相信读者朋友看到这些场景，都会深受感动。为什么在面对生命危险的时候，他们能够不顾个人安危勇战前线？最重要的一个原因，是因为他们的职业，因为他们长期以来所受到的文化影响和文化教育。在他们的思想认知当中，就认为他们应该为使命而战、为责任而战、为荣誉而战。这种精神，在最困难、最艰难的时候，能够让他们爆发出一种强大的力量。

同样，在企业组织中也一样，只有把这种"战斗精神"和"战斗理念"，透过"理念共建"，不断地在组织中进行植入，通过"VI 形象打造""标语持续渗透"，然后不断"重复强化"，融入人的灵魂里，那么每一个组织就拥有了真正的——斗魂。

4. 就事固化后的威力有多大?

什么是就事固化? 就是透过特殊事件把战斗精神和理念，固化在组织的内心世界里。比如这次爆发于武汉的新冠疫情，这是一场白衣战士、军人，以及全民参与的战役，一定能够激发整个华夏民族的战斗精神，让我们在遇到重大困难时，能够保持更强大的斗魄、更强大的能量，迎接所有的挑战。

关于"战斗精神"在世华团队的体现，给我印象最深刻的是，2019年11月2日至3日举办的"第五届全球社会企业家生态论坛"。

当时，我们收到联合国前秘书长潘基文先生出席第五届论坛的确认函时已经是9月28日了。9月29日，我和论坛轮值主席——华泰保险集团董事长王梓木先生紧急召开会议。在会上，我们决定了两件事情：

第一，10月10日举行新闻发布会；

第二，本届论坛评选"首届杰出社会企业家"。

当把这些事情确定下来后，世华的团队就开始紧锣密鼓地推进。

首先，就是确定新闻发布会的会场。这个时间我刚好要去美国西洛杉矶大学领取荣誉博士学位，所以整个过程我只能在美国遥控指挥。

因为临近祖国七十周年大庆，交通比较便捷的酒店不再接待新的会议。我们就找朋友、找熟人推荐。很多道路都临时封闭，不能到现场去看酒店，只能采用视频的方式。满意的会场，又没有办法交定金，因为酒店销售放假不能收款。于是就和酒店沟通，采用订餐的方式，把会场确定下来。

之后，还要确定出席新闻发布会的嘉宾、媒体等一系列事情。时间很紧张，世华团队自动自发提前两天结束国庆假期，回来筹备新闻发布会。

新闻发布会后的二十多天，世华所有人都放弃休息日，平均每天工作十二个小时以上。

在办公室，我们挂上了战斗精神的标语：**敢打硬仗、能打胜仗、攻坚克难、荣辱与共**。当一个个困难、一个个挑战迎面而来的时候，我们都是拿这四句话，不断地自我激励。

功夫不负有心人，11 月 2 日至 3 日，我们成功举办了 2000 多人的"第五届全球社会企业家生态论坛"。举办过程中，最具有影响力的一件事情是，我们评选出"首届杰出社会企业家"。

10 月 12 日前，我们确定了所有评委会成员，有澳大利亚前总理陆克文先生、IBM 大中华区前董事长钱大群先生、招商银行原行长马蔚华先生、中国商业文明研究院中心发起人秦朔先生等十一位极具影响力的人士担任评委，并积极遴选"杰出社会企业家"候选名单。最终各位评委以投票的方式产生"首届杰出社会企业家"名单：腾讯的马化腾、福耀玻璃的曹德旺、格力集团的董明珠、新东方的俞敏洪、华泰保险的王梓木、春秋航空的王正华等十一位企业家。这次评选，产生了非常强烈的社会反响。

通过这次论坛的成功举办，世华团队的战斗精神获得了极大提升。新冠疫情刚开始的时候，我给世华同仁写了一封信。信中，我特别讲到了一点："白衣战士和军人在疫情最严重的地区，能够勇于战斗、能够不惜一切代价，忘我地跟疫魔进行抗战，一定会赢得胜利。疫情即将过去，但市场上的战役才刚刚开始，每一个世华的团队成员要继续拿出'敢打硬仗、能打胜仗、攻坚克难、荣辱与共'的战斗精神，才能在 2020 年创造更好的成绩"。

我相信透过这种战斗文化的引领、建立组织架构，以及战斗状态的激发，也会给你的企业带来一个持续的推动。

作业实操

1. 如何构建企业战斗文化源起故事？

_____

_____

_____

2. 如何让团队参与战斗文化共建？

_____

_____

_____

3. 如何把"战斗理念"植入企业团队？

_____

_____

_____

4. 如何运用战斗文化驱动组织强大？

_____

_____

_____

5. 如何透过战斗文化推动绩效增长？

_____

_____

_____

第二节　如何构建战斗力的组织形态

相信每一位企业家、每一名企业的高管都希望自己的团队有战斗力，因为有战斗力，就能够攻坚克难，创造奇迹。

一个优秀的组织结构，首先是基于企业最佳运营状态设计并引发而成，是从组织的一线实际而来，能够最大程度彰显组织的战略意图，对各作战单位的统筹协调功能，既能上下同频，又可以左右共振。每个作战单元，既可以单独完成既定作战任务，其战术执行又可以与整体战略目标完全一致。张弛有度、执行有力是优秀战斗组织最大的目标之一。

这里先给读者朋友分享一件我特别难忘的事情。

1. 看中供铁军如何打造商业奇迹

2005 年，我受邀到阿里巴巴给一些中小商户上课。那时候科技还没有现在这么发达，上课方式还不能语音、视频异地进行直播，只能去现场直接面对面讲课。

当时约定讲课的时间是下午 2 点，我大概 1 点 50 左右到达阿里巴巴。到那里之后，我看到有人在全心全力地投入工作，也有很多人在那里喝茶、聊天、吃方便面，还有人在那睡觉。我当时心想，都快2点了，为什么还有人在睡觉，还有人在吃方便面？后来我才知道：那些睡觉的人是因为通宵都没有回家，又工作了一个上午，太累了才在旁边休息一下，待会还要继续投入工作当中；那些吃方便面的人，是因为一直投入工作，直到2点的时候才有空吃上一包方便面。我终于理解阿里为什么会越来越成功，不仅创造了中国商业的奇迹，更创造了世界商业的奇迹。那是因为阿里的团队具有跟别的企业不一样的战斗力。

从B2B起家的阿里巴巴，依靠着挨家挨户的地推团队，培育了中国第一批触网商家，也塑造了一大批阿里高管和创业CEO。聚是一团火，散是满天星，他们就是阿里最神秘的部队，也是最光荣的一支部队——中供铁军！

中供到底是什么？"中供"是中国供应商的简称，"中国供应商"是阿里B2B电子商务平台，成立于1999年，是阿里最早的业务模块。简单地说，"中供铁军"指的是阿里巴巴销售和推广"中国供应商"的地推团队。

阿里中供铁军的威名，可以说都是用"命"拼出来的！别的企业加班是996，早九晚九，做六休一。阿里中供铁军加班是611，早上六点起床，晚上一点睡觉，一周无休。他们的销售工作是与自己的办公室无关的，是与老板（客户）的办公室有关的。早上六点左右开始，盯着电脑，抢夺企业系统里45天开放的客户。抢完客户，就可以开始打电话约拜访时间。九点，每个主管组开晨会。晨会后就开始出去拜访客户。到了晚上六七点钟，回到企业，团队成员一起分享。白天遇到一些什么类型的客户？一些什么样的客户有怎样的反馈意见？怎么样处理比较好？大家交流学习，再一起团建，比如一起吃晚饭。结束之后再写日报，录入到系统里面。再之后开始收集第二天要用的客户资料，基本上到十点才会结束。十点结束之后，很多人都是带着电脑回家。回到家洗完澡，躺在床上，又打开电脑，再收集一点资料，明天尽可能多地拜访几家，这一天的工作才算正式结束。

从成立的第二年开始，中供铁军就主动从游击队开始向正规军发展，有了愿景、使命和价值观，并明确了不可触碰的高压线。大家现在所熟知的六脉神剑"客户第一、团队合作、拥抱变化、激情、诚信、敬业"，就是从那时逐渐演变发展而来。

2001年，在当时盈利状况很一般的情况下，中供铁军就开设了"百年大计"新人培训班。迄今为止，这个培训班已经近200期了。不管是叫"百大"还是"阿里军校"，那里都是强者的天堂，弱者的地狱！2015年，阿里巴巴提出并开始建立"政委体系"。这一体系保障了中供铁军一线同仁的阿里价值观能够传承，同时在业务和人员培养方面提供更快捷的支持。铁军驰骋江湖，政委功不可没！那中供铁军如何获得奖励（军功章）呢？中供铁军根据销售员上个月的业绩确定当月金、银、铜牌的排级（荣誉），并根据这个排级确定当月的提成比率（行赏）。这种独特的论功行赏方式，激励着每一名阿里战士只能这个月比上个月的业绩做得更好，至少不能比上个月的差。这，何尝不是推动中供铁军业绩飙升的关键？

中国供应商对于阿里的作用重大：一方面是早期阿里生存和盈利的保障，没有中供就没有后来的淘宝、支付宝、阿里云；另一方面，这个过程中沉淀出了一系列阿里的文化，培养了阿里的人才。

文化，是一种非强制性影响力，既可树立阿里中供铁军的坚定信念，又能塑造中供铁军的行为指南。文化，是这支部队的"魂"。这是阿里铁军成功的基石和核心。正是因为这样具有战斗力的组织形态，才有了后来阿里巴巴的奇迹。

今天，每一位企业家、每一位企业的领导者，都要思考我们的组织形态有没有战斗力。强大的战斗力，能塑造如阿里一样的商业奇迹。当然，除了构建好的战斗文化之外，很重要的一个因素就是要设立一个具有"战斗型的组织架构"。

2. 揭开战斗型组织架构的面纱

一般企业的组织架构是董事长、总经理，在总经理下面有几个经理，这几个经理分别管理不同的部门，比如：品牌、生产、研发、营销、人力、财务，透过这样的一个组织架构来推动企业正常的运转。当然不同的企业可能是根据不同的产品型、区域型、平台型来设计组织架构，但如果想让组织有更大的挑战精神，去创造奇迹，就有必要设立一个战斗型的组织架构。

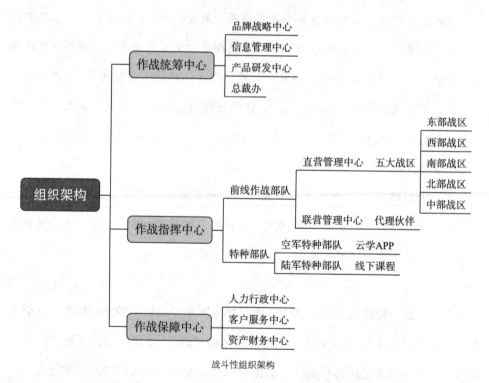

战斗性组织架构

在世华的组织架构设计中，除了正常的部门明确的分工之外，还把组织架构归为三个中心：作战统筹中心、作战指挥中心、作战保障中心。这三个中心的组织架构，它所实现的功能价值是什么呢？

（1）作战统筹中心

"作战统筹中心"包括品牌战略中心、信息管理中心、产品研发中心、总裁办。

品牌战略中心：负责对整个品牌的定位、宣传、推广，以及品牌的边界，提供装备上的设计，包括一些品牌的宣传工具的推动；

信息管理中心：负责对整个企业的信息化管理、信息化统筹，以及信息化建设来贡献价值；

产品研发中心：负责对整个企业的师资建设、内容输出、产品打磨，以及所有的产品进行升级；

总裁办：负责对整个组织的协同，起到应有的平衡和传达作用。

（2）作战指挥中心

作战指挥中心主要来自两个部分，前线作战部队和特种部队。

前线作战部队又分为两个部分：一个是直营管理中心，就是直接管理市场的分企业，市场的分企业也分了五大片区：东部战区、西部战区、南部战区、北部战区、中部战区；还有一个是联营管理中心，就是一些合作伙伴。

特种部队又分为两个部分：一个是空军特种部队，比如：云学 App；另一个是陆军特种部队，负责线下课程的团队。

通过这样一个作战指挥中心，作为企业组织对市场进行整体布局和团队督导，对企业的发展产生一个强大的驱动。

（3）作战保障中心

作战保障中心包括人力行政中心、客户服务中心、资产财务中心。

人力行政中心：在人力资源的配置上，根据企业发展的战略、目标，以及企业的阶段性战役，对组织人员进行配置，对人员进行实时支持；

客户服务中心：对整个企业客户的服务、客户的管理、客户的系统化的建设，以及客户系统的价值体验的升级，来提供系统的支持；

资产财务中心：对整个企业发展的预算、资金的保障、资金的投入，以及整个资产的配置方面，给予很好的推动。

这样设置最重要的目的是什么？所有设计所带来的最大价值是什么？就是整个组织架构都是在战斗文化指引下形成的。它以军队组织结构、战斗精神为借鉴，指引团队建立强有力的执行力、战斗力，最终形成企业的战斗文化。让整个组织形态处在一种战斗的状态中、战斗的精神中和战斗的力量中。这能让每个部门在战前的战备状态，以及作战过程中，对指挥力量非常明确。同时，在作战中，使后备力量给予最充足的保障。

3. 组织战斗状态的激发这样动一下

在我国新冠肺炎疫情抗战的最关键时期，国家倡导"全民战疫"，习近平总书记亲自坐镇指挥，李克强总理担任组长。为什么抗疫的小组、抗疫的领导部门叫指挥部？很重要的一个原因，就是激发每一名成员的战斗状态。过去在医院的时候，所有医生之间的称呼都是"兄弟姐妹"，如果是资深医生和年轻医生，他们互为"老师"和"学生"。但是这一次，他们的称呼都改了，他们都叫"战友"。

如何激发组织的战斗状态？一般流程的设计就是我们去做一件事情，分事前、事中和事后。这里只需要做一点小小的改变，在组织流程设计的时候，建议把它调整为"战前""战时"和"战后"。

（1）战前

重大项目或者工作开展前，要让整个组织的形态、流程进入一个战前的状态。

战前准备、战前动员、战前军令状、战前誓言，是非常重要的。新冠疫情爆发时，我们可以看到，很多医生去武汉之前，都做了战前动员，写下了军令状、请战书。

"让党旗在防控疫情斗争第一线高高飘扬"，习近平总书记的坚定动员，鼓舞和激励广大党员干部冲锋在防控疫情斗争第一线。

当一封封前线告急的军报雪落般飘散，一支支白衣铁军争相奔赴抗疫前线，他们立下军令状、签下生死约，不计报酬，无论生死！不复武汉，誓不返还！

"面对武汉的重大疫情，我作为医务工作者，有义务站在抗击疫情的最前线，我愿意随时奔赴人民需要的地方，随时听从组织安排，履行一名医务工作者的神圣使命！"

"我个人尚未婚，无子女，无家庭负担，比其他同事更适合加入这场战斗。力虽小，愿尽绵薄。"

"目前形势严峻，作为一位有 27 年工龄的护理人员，我责无旁贷，义无反顾，随时听调令，奔赴一线贡献自己的力量。"

"作为一名医护人员，我应该冲在第一线，不畏艰苦，不计回报，无论生死，毫无怨言。"

"如果我不幸，请告诉我儿子，他爸爸是好样的，长大后要成为一名为社会作贡献，为百姓谋福利的有用之人。"

……

一封封读起来令人热血沸腾，又让人泪流满面的抗疫《请战书》，表达的只有一句话：自愿请战，不辱使命，不计报酬，无论生死！国家有难，匹夫有责，若有战，召即来，战必胜，这是我们的使命，也是我们的光荣。

多么感动，多么富有能量，又多么具有强大的执行力。

（2）战时

在工作进行中，要让每一个团队成员时刻保持战斗的状态。一个人在战时的状态，他的投入度、专注度，以及遭受挫折时，抗压的精神都能得到激发，创造奇迹，突破逆境，会创造平时正常情况下，不能激发出来的团队的潜能。

那如何才能时刻保持呢？其实，说白了，就是如何将工作的目标刻在同仁的脑海里面？这里提几点建议。

①目标制定。月底制定目标时，细化到每一个小团队，每一个人，并且贴在墙上。因为目标不是一个部门领导的责任，也不是一个区域经理的责任，而是所有人的责任。

②目标跟踪。团队中要有专人协调搜集信息，制作每日/每阶段战报，每天晚上都跟进。跟进可以从每天的晨会、例会开始，中间可以通过邮件、微信、电话等继续跟踪。当然，到最后阶段。如果有人完不成，领导或者其他成员就会想办法去帮助。

（3）战后

很多人说事后要总结、事后要复盘、事后要检讨，事后做得好的要奖励、差的要惩罚，但是这种力量没有战后总结有力度。

战后总结不光是检讨、复盘、奖惩的问题。一个战役成功之后，大肆地表彰不仅仅是物质上，最重要的是"荣誉"这种精神上的满足。如果没有拿到成果或者战役失败，作为一个优秀军人应该具备的职业精神，他是敢于负责，并且每一个领导者都会愿意为自己的战友进行承担。这种"荣辱与共"，这种"共创共担"的精神，对整个组织的状态是一个非常大的能量激发。

如果每一个企业家，能够把自己的团队通过这种战斗组织的架构，激发出团队战斗的状态，通过"战前""战时"和"战后"进行强化，一定比"事前""事中""事后"这种流程的优化，对整个组织的战斗力会产生更大的激发，也能创造更好的成果。

作业实操

1. 如何构建战斗型组织架构?

_____

_____

_____

2. 如何激发团队战斗状态?

_____

_____

_____

3. 如何做好团队的战前动员?

_____

_____

_____

4. 如何做好团队的战时激励？

_____

_____

_____

5. 如何做好战后的能量爆发？

_____

_____

_____

第三节　如何构建敢打能赢的战队

我曾多次到西点军校参访。每次参访的过程，都让我非常触动。200多年来，西点军校为美国培养了三位总统，五位五星级上将，3700名将军及无数的精英人才。可口可乐、通用企业、杜邦化工的总裁都出身于西点。美国商业年鉴的资料显示，第二次世界大战以后，在世界500强里面，西点军校培养出来的董事长有1000多名，副董事长有2000多名，总经理、董事有5000多名。

可以说，任何商学院都没有培养出这么多优秀的管理人才。这所学校到底隐藏着什么秘密，能培育出如此多的敢打能赢的优秀人才？

1.西点军校到底隐藏着什么秘密？

西点军校的价值观是"职责、荣誉、国家"。对西点军校每一位教官、每一名学生来讲，"职责"永远排在第一位。他们愿意为"职责"献身，愿意为"职责"承担一切。然后就是"荣誉"，对于他们来说，"荣誉胜于生命，荣誉重于生命"。在面对荣誉的时候，他们愿意用生命做代价，用生命做付出，坚决捍卫荣誉。第三个就是"国家"。在他们的内心当中，如果国家都没有了，一切存在都没有意义。

在美国有一个不成文的规定：西点军校的学生，在校就读的时候和毕业8个月之内，国家一旦发生战争，将毫无条件地奔赴战场，为国家奉献自己。所有在战争中战死的人，都会得到最高的荣誉：将他们的名字刻在西点军校的荣誉墙上。

西点军校的学生之所以在多次战役中能够做出卓越的贡献，不仅是他们有高超的战术，更重要的是他们这种"职责、荣誉、国家"的价值观对他们精神世界的引领，让他们做什么事情都能秉承"没有任何借口"的行为准则。在全世界所有知名院校中，只有西点军校的学生毕业时可以得到有总统签名的毕业证书！为什么学生能够得到如此崇高的荣誉？就是源于他们的学生具有愿为国家奉献一切的战斗精神。

2. 战斗精神的精髓靠"它"植入团队灵魂中

西点军校构建了一个强大的"西点军团"，我们每一位企业家，有没有这样一个军团？如果我们的组织、团队，要想打造一个"敢打能赢的战队"，也需要如西点军校一样，将战斗精神植入灵魂当中。那么如何给组织植入战斗精神呢？

（1）组织符号象征的建立

企业可以倡导一种符号，将这种符号所体现的力量注入团队的灵魂之中。例如，用某种动物给自己的组织命名，像"蚂蚁军团""鸵鸟军团"等。蚂蚁虽渺小，但它们通过合作的方式，能够托起比自身大很多倍的食物运行，这就是蚂蚁的力量；而鸵鸟的耐力、承受力特别强，能够走很远，有强大的意志力。

在世华内部，我们打造的是"华鹰战队"。为什么叫"华鹰战队"？想必读者朋友并不知道，老鹰是世界上寿命最长的鸟类，能活七十年。不过要活那么长的寿命，它在四十岁的时候，必须做出一个痛苦却又非常重要的决定。因为当鹰活到四十岁时，它的爪子开始老化，无法有效地抓住猎物；它的喙因年龄也渐渐变得又长又弯，几乎碰到胸膛；而它的翅膀也由于羽毛长得又浓又厚而变得十分笨重，使得飞翔非常吃力。这时候鹰只有两种选择：一、等死；二、十分痛苦的重生。

有很多鹰没有选择重生，在四十岁时因得不到食物而饿死，而另一些鹰选择了重生。它们会在悬崖上筑一个特别的巢，并且停在那里不再飞翔。接下来的六个月时间，它们首先用自己的喙来敲打岩石，直到完全脱落，然后静静等候新的喙长出来；当新喙长出来后，再把原来的爪子一根一根地拔出来；当新爪子长出来后，再把自己身上又浓又密的羽毛一根根地拔掉。新羽毛长出后，鹰才能像年轻时一样傲击长空，再过三十年展翅翱翔的岁月。

"华鹰战队"暗喻的就是这种精神，团队要不断刷新、不断精进和不断自我成长。

你的企业，同样可以设立这样一个军团。基于一个符号的象征意义，进行价值观贯彻和价值观引导，然后植入整个团队的行为中。这对整个组织的"敢打能赢"，起到非常重要的内心价值导向作用。

（2）荣誉体系的打造

要让团队敢打能赢，"荣誉感"是非常重要的。让战斗力首先从全体成员的称呼引发内心战斗感受。同时，需要规划流程，引导优秀战友进入角色，并且通过规划组织学习课程让所有成员接受系统培训，最重要的是，对于学习结果和目标制定严格考核计划，明确奖惩。因此，倡导战斗型组织，一定要把荣誉体系做出来。

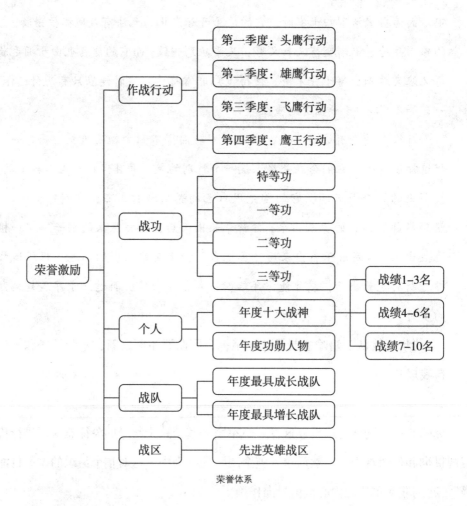

荣誉体系

在世华，"华鹰战队"按照一年四季分成四个作战行动，分别是"头鹰行动""雄鹰行动""飞鹰行动""鹰王行动"。

"头鹰行动"是指在第一季度中，那些带头打仗的人、带头创造绩效的人、带头创造奇功的人叫"头鹰"。我们会给"头鹰"颁发勋章和奖章，颁发仪式上会送鲜花，同时会进行张榜，在全国范围进行公开表扬。

第二个季度评出"雄鹰"、第三个季度评出"飞鹰"、第四个季度评出"鹰王"。这里重点说一下"鹰王行动"，就是最后一个季度时，结合前面三个季度中各个方面的第一名进行公榜，评选出"鹰王"，再进行各方面的荣誉奖励。比如，某个单品的销售冠军，某个部门的第一、某个分企业的第一、某个战区的第一等。对于"鹰王"的奖励，会有证书、鲜花、勋章、授勋仪式，整个过程都非常隆重。这样的方式，会给人带来一种前所未有的荣誉感，而这种荣誉感又会带来一种强大的驱动力。

当然，除了"鹰王"，我们还根据不同的战功，设定特等功、一等功、二等功、三等功。根据不同的战功，颁发不同的勋章。

针对不同部门的个人，我们设立了另外两个奖项——"年度十大战神"和"年度功勋人物"。"年度十大战神"主要针对营销人员，每年评选十名，从第一名到第十名会有不同的物质奖金，同时都会有不同的勋章，然后由不同的人进行颁奖，并且在全国范围内进行张榜公示。这样一个表彰仪式，给大家带来一种很好的榜样力量。"年度功勋人物"主要针对除营销以外的其他个人。比如，分战区、分部门颁发不同的奖项，或者根据企业的不同发展阶段，来评定"功勋人物"。对他们在某个时间、某个部门、某个项目上的突出表现进行奖励，产生荣誉激励的作用。

在整个荣誉体系当中，还可按级别在全国范围内让每一个团队进行 PK，评选出"年度最具成长战队""年度最具增长战队"。比如某个销售团队、客服团队等，对他们进行表彰。

另外，也可以评定"最佳战区"。比如根据分企业，或者片区来评选出前三名。

这种荣誉的力量是非常巨大的。可能有人会质疑，荣誉激励有用吗？不可否认，有时候可能物质激励会让人心花怒放，但是荣誉方面的激励可以让人想起来时热血沸腾。因为这种荣誉感是每个人内心当中最渴求的一种东西。只有在这方面做得更好，团队才能够敢打，在这种荣誉的引领下才能赢。

3.作战本领不是天生就有的

要形成攻守兼备、敢打能赢的全能战队，除了信念和荣誉的驱动外，还有一个很重要的因素，就是团队本身要具备很强的作战本领。

作战本领怎样才能具备？作战本领不是天生的，它需要后天不断进行训练才能具备。那如何训练才能产生最佳的效果？

华为作为全球领先的ICT（信息与通信）基础设施和智能终端提供商，讲到其核心竞争力不得不提到它的营销，而华为营销的核心就是打造了一支能征善战的营销铁军。

把一万个人变成一种人，就像世界没有完全相同的两片树叶一样，这个世界也没有完全相同的两个人，那怎样才能把不同背景，不同观念，不同想法的各种类型的人统一到企业同一个框架里来呢？

培训！就是把同一个思想，同一个理念，同一种方法，装进不同人的大脑里，让大家变成同一种人。华为的培训分为两种，即入职培训和在岗培训。

入职培训分为五个方面：军事训练、企业文化、车间实习、技术培训、销售实战。入职培训一共要历时五个多月，全程封闭，严格考核，末位淘汰，号称"魔鬼训练营"。

整个培训过程，华为将狼性植入到训练当中。狼的"嗜血成性、寒天出动、成群结队"特性无不印在华为人身上。"嗜血成性"，就是对商业的敏感、认知，以及对商业机会的把握；"寒天出动"，哪怕市场环境再坏，也要持续作战;"成群结队",发挥团队精神。当头狼发出嚎叫,所有的狼都要发出同一个声音——同一群人要发出同一个声音。

这种训练使华为具有强大的凝聚力、不屈不挠的斗志,使得企业走出冬天,冲出中国,走向世界,成就了事业的一次次高峰。

今天,每一个企业家,如果你也想要打造这样的一个战队,你应该怎么样来对这个组织进行集训?

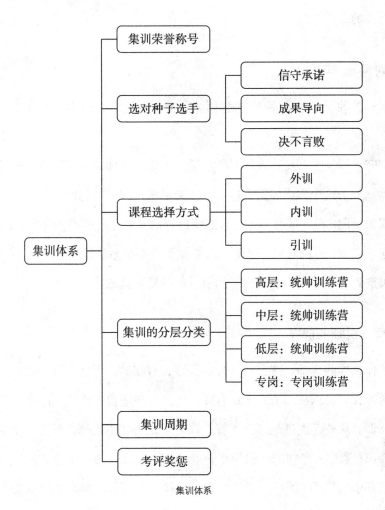

集训体系

（1）有荣誉感的特训营

什么叫荣誉感？就是前面我们所说的"军团"的旗帜力量。世华是如何设计的呢？我们叫"铁鹰训练营"，因为"鹰"代表一种顽强的生命力，而"铁鹰训练营"就是要打造强大的战斗力。

进入"铁鹰训练计划"的人，都是企业非常优秀的，未来非常有潜力的精英人才。能够选进这个训练营的人，本身就是企业对他的一种期许。这对于他来说，是具有极大的荣誉感的。

（2）选对种子选手

什么样的种子，才能够在企业中生根，创造奇迹？关于种子选手，一般具有这三个特点。

①信守承诺：这个人说话是不是算话？承诺之后如果遇到困难、挑战，他会不会退缩？如果这个人能够坚决捍卫自己的承诺，就是可选的。

②成果导向：没有借口，按照自己所设定的计划，不折不扣地去拿到成果。

③绝不言败：无论遇到什么困难，都能不折不扣地执行到底。

如果选到有这三个特点的种子选手，你的集训就成功了一半。

（3）课程与讲师的选择

选择什么样的老师，选择什么样的课程，直接决定了优秀选手会成长为什么样子。通常我们可以从三个方面，有针对性地选择适合自己团队的课程。

①外训。从外部引进老师。不管是线上，还是线下老师，首先，要求老师的价值观要正；第二，老师的价值观跟企业所创造的文化能够契合，或者对企业的文化能起到引领作用；第三，老师的人格品德一定要好，如果老师人品不正，他

的思想就会影响到整个团队的行为。

②内训。内训是为了什么？是为了把企业的战略目标，透过培训教育的方式达成共识；能够把 80% 的指令通过培训的方式，传递下去。

③引训。引训就是把外面的老师引到自己企业内部，来进行面对面的培训。还有一种就是线上专题式的培训。

通过这种外训和内训结合的方式，将企业的文化目标，以及战略和阶段性要完成的成果传递给大家，最终一起实现企业目标的完成。

（4）集训的分层、分类

训练一定要进行分层，企业高层、中层、基层的训练分开进行；分类，就是根据不同的部门，如业务类或专业类来区分。

在世华，有针对高层的"统帅训练营"；针对中高层的"虎将特训营"；针对优秀的有潜力的优秀同仁的"脊梁特训营"。还有针对专岗的"专岗训练营"。

通过这样的分层、分类，训练会更加有针对性和可操作性，为团队带来更实效的价值，避免在培训过程中造成时间、内容、财务的浪费，让培训效果和价值最大化。

（5）设计集训周期

集训周期可以是三天、一周，也可以更长。在工作的同时，还可以进行最多100 天的集训。在世华，我们的集训经常有 2 天、5 天、7 天。例如，所有入职的新同仁，有 7 天的新人培训。在"五一""十一"的时候，我们会组织一些核心高管和优秀同仁边旅游边集训。我们还在 100 天的时间里，利用每周一、三、五晚上两个小时的时间，持续学习训练。在新冠疫情爆发后，我就提出了世华**"百日刷新全员突破"**的集训，就是所有世华同仁在 100 天当中拿出一定的时间，持续进行线上训练。

（6）考评奖惩

培训结束后，要考试，要奖惩。为什么很多人在高考之前，那么努力地学习？是因为有考试，有奖惩。为什么很多人看完书之后，就把它扔了，而有人看了书之后，能够获得知识，让企业发生很大改变？那是因为透过这本书，他自己思考了，把学习的知识转化成为企业的行为，或者企业的管理体系，或者企业运营的方式，最终带来了实际性的绩效。

每课必有作业、有作业必检查，有检查必比赛，有比赛必有奖惩。

所以，每次课程结束后，可以写文字的感悟，也可以用音频、视频的方法把感悟录下来，发到各个群里，大家点评、投票，最后评出最佳学习者，然后进行物质和精神奖励，并且安排最佳学习者更多后续的学习和成长。

作业实操

1.如何将战斗精神植入企业价值观？

_____

_____

2.如何用荣誉激励让战队潜力爆发？

_____

_____

_____

3. 如何用集训提升团队战斗力？

_____

_____

_____

4. 如何让组织成员斗魂长存？

_____

_____

_____

5. 如何将集训体系系统落地？

_____

_____

_____

第四节　如何运用战斗情谊创造高绩效

2019 年，让国人最难忘的企业一定是华为：用硬实力扛住美国"举国之力"的打压。华为的任正非跟美国总统特朗普，两个人有什么不一样？

特朗普是商人出身，所以他在进行战斗时，想到的是，只要能够赢得一定商业利益，或赢得一定国家利益，他就可以妥协，就可以进行谈判。

任正非跟特朗普的性格不一样。为什么？因为任正非是军人出身。军人的特点是什么？只要一开战，他的信念只有一个：一定要"赢"。任正非说，他跟美国迟早有一战，但没想到这次战役来得这么快。他希望这个战斗不是你死我活，而是能够站在世界最顶端，为世界做贡献，为人类做服务。所以，任正非的这种格局、胸怀和魄力，值得我们所有人尊敬。

为什么华为能够在这个挑战中赢得巨大的成功？我想特别强调的是，不仅仅由于华为常年在研发方面的投入，持续的积累，以客户为中心所留下的全球用户极高的信赖感，更是因为其团队强大的战斗精神和战斗力量，产生了强大的驱动力，让华为越战越勇，并且创造了奇迹般的增长。

任正非说，2019 年是特朗普帮助了他。第一，帮助他让全世界人民知道了华为；第二，因为特朗普的围堵，激发了所有团队的战斗意志。想必很多读者都知道华为的工作强度在中国企业当中也是数一数二的，加班是很日常的事。长期加班工作，不免有同仁的家属抱怨、反对，甚至有的爱人提出离婚的要求。当华为出现美国打压事件，以及孟晚舟被扣押加拿大事件后，华为的团队凝聚力得到了空前的高涨，包括团队的家属们也都全力支持，告诉他们，你们在这个时间千万不要离开华为，多为企业出力，晚回来都不要紧，如果你们离开华为或者工作懈怠，我都会瞧不起你。

说了这么多，我想跟读者朋友谈的是什么呢？一个优秀的组织既需要制度来制衡人性的恶，也需要情谊来激发人性中的向善向上之心。一个战斗型的组织，更要注重战斗情谊的提升。

1. 企业战略和团队理想契合最美

企业战略是决定企业发展的关键性因素，而战略目标要靠团队成员合力才能实现。团队的战斗力需要依靠几个方面的维度来共同托举和维护。在情感维护角度，企业需要为战斗文化设立各种温暖机制。我们可以从几个维度来进行加强。

（1）快乐之家

为什么很多人不想到企业来，而是想回家？因为在很多人心中，回到家感受到的是一种快乐，而在企业是劳累的。所以，在企业当中，构建出一种快乐的氛围，让同仁感受到一种家的温暖是非常重要的。

如何构建"快乐之家"呢？"快乐企业中各个岗位的同仁都可以充分展现他们的优势，为了共同的目标通力合作，在生产高质量的产品或提供高质量的服务中觅得生活的满足和人生的意义，并且能够通过提供产品和服务的过程，为他人的生活带来积极的改善。"

所以，我经常跟团队讲，要让同仁看到、听到、闻到、感受到的，都是快乐的气场。在世华总部，我给每个人的桌前都配了一盆花，但这盆花必须他们自己养，自己浇灌。如果谁把这个花养死了，那就买一盆新的花。之所以这样做，也是创造一个快乐的感觉。包括新人入职、生日、离职、入企业纪念日，以及生老病死等所有活动，我都要求人力部门进行关注，创造"快乐之家"。

只有让同仁感觉自己被公平地对待，他的心理才会平衡；让同仁知道自己的工作环境安全并适宜个人发展，他的心态才会积极；同仁在企业所见到的一切都赏心悦目，他的心境才会开阔。而企业得到的回报将是他们的忠诚以及工作的积极。

（2）成长之家

"成长之家"就是要给团队提供系统的成长。任何一个有进取心、对未来充满希望的人，都希望在一个组织中得到成长。如果一个人在企业中拿到了薪水，只等于他赚了钱；如果一个人在企业中得到成长，那是让他自己值钱，这才是企业带来的持续价值。

在团队中倡导成长理念：日精进、周迭代、月升级、年刷新。

世华在疫情期间实施的"百日刷新全员突破"，就是要提升每一个人的素质能力、专业能力和学习能力，并且持续地通过外训、引训、内训、自训的方式，让团队不断地获得成长。

很多人问我，姜老师，你把这么多人培养好了，他离开企业了怎么办？我说，如果一个人不培养，他留在企业怎么办？所以，培养好一个人，他走了也没有关系。

留在企业为企业做贡献；离开企业为国家做贡献！

我们希望每一个在世华工作过两三年的同仁，即使有一天离开了世华，也能对他未来十年、二十年，乃至终生职业生涯都产生推动。当有一天他回忆在世华的经历时，会觉得这份成长是送给他最好的礼物。这对于我们来说，是一个非常有价值的事情。

（3）创客之家

"创客之家"就是给更多的团队一个创业的机会，打造一个能够让人人都可以成为合伙人，人人都可以成为创业者，人人都可以成为经营者的平台。透过部门也好，内部平台的孵化也好，让更多人参与到企业的运营中来，共创、共治和共享企业的发展。

我们在一些分企业、部门、组织中，可以把利润的40%，甚至60%，与运营团队、管理团队进行共享。通过这种方式，让同仁与企业成为命运共同体。

（4）尚文之家

"尚文之家"就是崇尚一种文化、一种理念，注重同仁精神方面的成长。

自从把北京华夏管理学院办成免费大学后，在学校里，我们就打造一种尚文之家的文化。学校图书馆对全校师生免费开放，不需要交任何押金或者任何身份证件，随时取用书。在教学上磨炼学生品行，学校所有的清洁、维护都由学生一起完成；全校师生倡导"早睡早起读经典，晨思暮省写日记""孝亲尊师做义工"。也就是说早上5点就得起床晨练，下午专业课结束后还得做学习、生活总结日记；晚上，还安排了"华夏阅读会"、华夏"好声音"、"华夏舞林大会"等。每个月的最后一天，被华夏管理学院定为感恩日，这一天要感恩帮助过自己的人。而每个月第一天又叫善意日，这天大家都要行善做好事。

我相信通过这样的方法，所有来这里读书的人，会越来越有思想和文化素养；也一定对他们终身的精神指引，起到一个重大的价值沉淀。

企业运营与学校运营异曲同工，在企业当中，也需要这种文化的指引，因为文化是一种自然的影响力。它可以悄无声息地、润物无声地影响到团体的组织行为和团队的整体思想，以及总体的人文价值观。它是一种非商业的，却能够起到商业推动价值的重要理念。

（5）理想之家

我想问每一位读者朋友，你们的理想是什么？一个企业要想把整个企业跟人才形成匹配性的驱动，很重要的一项，就是企业的战略要与团队的理想契合。

组织与团队成员之间为什么没有创造最好的绩效？主要体现在四个方面：

①企业战略与团队理想不融合；

②企业岗位与团队能力不融合；

③企业文化与团队理念不融合；

④企业待遇与个人贡献不融合。

很多企业和团队之间，产生的最大冲突是什么？就是企业的战略跟团队的理想失衡。假设企业的战略跟团队的理想不契合，团队不会有自发的驱动力；假设团队的理想跟企业的战略不能形成互推，企业的很多追求也无法透过团队实施，去创造战略性的增长。

透过上述"快乐之家""成长之家""创客之家""尚文之家"和"理想之家"的打造，加深团队的战友情谊，让团队不仅仅形成一个班子，而是一个班底，甚至形成一个铁班底。通过这种战友情谊，激发出整个组织的驱动力，产生强大的气场，攻坚克难、荣辱与共，形成一个强大的战斗型团队。

2. 不湿鞋的走法——边界

边界是什么？

这里的"边界"并不是地理意义上的边界，而是企业的高压线，是企业同仁的集体契约。企业并不是同仁、管理者和老板的简单相加，而是一个有机整体，因此，需要彼此之间相互沟通和互动。然而，在管控的过程中，很多领导者往往忽视人性中灰暗的一面，而让企业的"边界"变得模糊不清。

边界于企业有如象棋中的楚河汉界。有了边界，才能划清界限，管控才能实现澄清透明。有了边界，企业的管理才能不再有黑匣子。

常在河边走，哪有不湿鞋？而我们要的就是那"不湿鞋"的走法，建构一个企业的最佳边界。

要让企业的发展不混乱，就要建立起企业的"边界"，就如国家打击犯罪强有力的武器是刑法，为了企业同仁们的生命安全和社会安定，企业也需要类似的刑法——设定企业的边界。比如世华，我们警戒了五项边界。

（1）联合对抗

有同仁说报酬不够高，不涨工资就走人，甚至联合起来向企业提条件。要知道，只要你把这个工资制度一改，留下了这个人，下一个又来提条件，不改就走人，你再改，又有其他人走。你不可能做到让所有人都满意的，最后人都走光了。

满足一个提条件的人，等于是打击那些任劳任怨、没有提条件的优秀同仁。

所以，不管你有多少人，不管这些人对企业多么重要，不管来企业多久，不管对企业的威胁有多么大，只要是联合对抗，企业是绝对不允许的。宁愿事情暂时终止，宁愿工作暂时终止，哪怕企业遭受损失，作为企业的领导者，绝不能退缩或屈服，让这样的事件重复发生，而且一定要严惩不贷、以儆效尤。

（2）私下接单

很多企业的员工都是"身兼数职"，当然这种兼职都是背着公司进行的。他能从这个单子中赚多少提成并不是我们要关注的，而是这个人的品质和道德出现了恶疾。因为这是对善良的人、对守规则的人的一种伤害。对于这样的人，企业必须发现一个，裁掉一个。

（3）泄露机密

每个企业都有自己的机密资料，比如企业内部的一些运营规划、企业高层的重要决议、重点客户的资料等，都是不能随便向外界透露的。如果企业对此没有一个严格的规定，员工就会在有意无意中泄露企业的机密，给企业带来或大或小的损失。

　　因此，企业必须设定这样一个边界——在企业内部，有什么信息是不能随便说的，什么信息是可以说的；有什么资料是可以让总经理知道的，什么资料是可以让部门经理知道的，什么资料是可以让所有员工知道的，都必须一一加以明确。如果谁泄露了不该泄露的资料，企业就要警告他甚至开除他，问题严重的还可以诉诸法律，让法律给予他严惩。

（4）财情纠纷

　　假设员工在外面以公司的名义找客户借钱，到最后来个"金蝉脱壳"溜之大吉，或者到时间还不还钱，客户跑到公司来催款，不仅给员工自己带来恶名，也会让公司的信誉受到牵连。客户会觉得"什么样的企业'培养'出什么样的员工"。

　　所以，公司应该做出规定，严禁公司员工找客户借钱，一旦发现，立即开除。同样，如果员工的家庭、情感问题处理不好，家人轮番上阵在他工作的单位呼天抢地，扰得企业人心惶惶，让其他员工也无法工作。尤其是这样的事发生在企业领导者身上，还怎么树立自己的威信。因此，对于这样的员工，企业必须采取措施隔离或劝退。

（5）亵渎职务

　　亵渎职务是员工对自己工作的不尊重，在其位不谋其事，反而是利用职位搞破坏和腐败，这将会对企业产生极坏的影响。所以，对于这种人，企业要绝对地予以开除。所谓"杀鸡给猴看"，你把这"鸡"杀了，"猴"就老实了。

　　如果组织中，允许这些恶性事件存在，整个企业的战斗氛围、战斗士气和战斗势能就会被消耗，甚至会造成一种负面的影响，在组织中进行传染。

设立这些边界，就是建立一个战斗纪律严明的团队。不要担心开除会对企业的发展有影响，也许开除会给企业短期带来损失，但这种损失是一种疗毒的方法。只有经过这种方式后，整个团队才会有正气，战友才是真正有正向价值观的战友。

3. 高绩效才是敢打能赢战队的关键

唯有高绩效的狼性团队，才是能征善战、能赢不输的团队。那么，如何推动企业打造高绩效的团队呢？我谈几点建议，读者朋友可以从这几点发散去思考。

（1）绩效的规划

优秀的领导者往往都主张以成果为导向的团队合作。这就要求领导者对自己和群体的目标十分清楚，并且在描绘目标和远景的过程中，让每位伙伴共同参与进来，将企业、团队的目标与团队的理想契合起来。

在规划目标的过程中，优秀的领导会经常和他的成员一起确立，并竭尽所能设法使每位成员都清楚了解、认同团队目标，向团队成员指出一个明确的方向。当团队的目标和远景并非由团队领导者一个人决定，而是由团队成员共同协商产生时，团队成员会有一种拥有"所有权"的感觉，并从心底认定"这是我们的目标和远景"。用这样的方式，规划自己部门所要完成的全年目标、季度目标、月度目标，甚至周目标，形成一个全面的绩效预算管理。

当做好这些的时候，按照战斗型组织架构激发组织的战斗状态，要做的第一个重要的事情就是立军令状。当一个人按照自己的绩效预算，写下军令状时，我相信，不仅他自我的驱动力很强，对组织的引发力也很强。

（2）绩效的检查

举一个很简单的例子，一个领导对下属小张说："小张，你的办公室太脏了，我希望你赶紧打扫。"另一个领导对小张说："小张，你的办公室太脏了，你打扫一下，我下午两点钟来检查。"

各位读者，你们觉得哪句话能让下属更有执行力？肯定是第二句，因为如果领导说要检查，小张马上就会行动，想要在检查之前把卫生搞好；而第一种情况基本是没有什么结果的。所以有了检查，产生的结果肯定不一样。而如果企业的检查监督不够彻底，会让很多优秀人才的能力被埋没。可见，检查在提高工作效率的过程中，是非常重要的一项。有检查，下属就有压力、有动力；不检查，下属就容易拖拉、懒散。

下属不做你希望的事情，只做你即将要检查的事情。

有了检查，就会产生不一样的结果。下属高效的工作，很大部分来源于别人严格而及时的检查，反之则是你纵容和放松造成的。

这里特别强调一点，可以在绩效检查的环节开**绩效质询会**。什么是绩效质询会？质询就是质疑、询问的意思，当绩效与战略行动计划出现实践偏差，就需要分析与改进措施，落实"责任机制"。质询的内容主要包括：差异现状、差异性质、差异原因、补救措施等内容。领导者可以按照上述思路不断地问成员"为什么？"例如"为什么没有达成？""为什么是这个原因导致没有达成？"等。

为什么开绩效质询会特别适合战斗型的组织？因为在企业中，如果战斗文化贯彻到位的话，会形成人的潜意识认知。在做质询的时候，团队成员愿意去为这个结果、过程中做得好与不好的地方，以及需要改进、反省的地方接受改变。

（3）绩效的考评

针对检查时做得好和不好的地方进行奖惩，但是这个奖惩跟一般的企业组织奖惩不太一样，最重要的是要颁布"嘉奖令"，进行荣誉激励。

绩效评估中的奖惩，最重要的不是一般企业组织的所谓的物质奖励或精神奖励，不是物质惩罚或精神惩罚，而是要把这种奖励或惩罚上升到组织战队中的荣誉或耻辱。当把这种荣誉变成一种集体的战斗荣誉时，能激发整个战斗组织的动能，形成良性循环；同时，对没有拿到成果，或者在过程当中，不管由于什么原因没有完成真正的绩效，他们也会让这种耻辱激励自己找到原因，改进措施，克服困难，创造奇迹。

作业实操

1. 如何打造团队的战斗情谊？

_____

_____

_____

2. 如何建立团队的战斗纪律？

_____

_____

_____

3. 如何营造团队的作战气氛？

_____

_____

_____

4. 如何考评团队的作战结果？

_____

_____

_____

第二章

打造企业价值链系统

中国企业今天所面临的竞争环境可谓空前激烈。曾经的中国企业，只需要在自己的家门口与区域范围内的企业及品牌展开对抗。而今天，中国企业及品牌不得不在更大的范围内同全球企业及品牌展开正面对决。另外一方面，激烈的竞争环境催生了大量专业兵团，他们充斥在中国的每个领域。面对这样的境地，该如何突出重围？同样，企业产品最重要的使命是活得对、活得好、活得久，要做到这点，就得让"让客户持续尖叫"！但是，让产品在某个时间点打动客户并不难，难就难在如何持续地与客户建立长久链接。

第一节　如何为客户提供超强的价值体验

2020 年，注定是不平凡的一年。往年的春节年味很浓，所有家人团聚在一起。但由于疫情影响，2020 年的春节过得特别难忘。年味没了，没有团聚，没有走亲访友；亲人拜年时，礼物放在村口，家人去取；送的红包挂在竹竿上递过去；就连结婚，新娘和新郎与大家见个面，所有的客人便全部散去。

如此重视人情的国度，在疫情下，每个人都知道了健康、生命胜过一切。同样，在疫情下，企业更要重视自己的健康。商业合作中，如果不能为客户创造价值，所有合作的持续性和生命力都是有限的。这里，我给读者朋友做个预判。

2020 年，将是一个时代的节点——从人情社会商业推动的链条变成价值驱动的链条。

在这个时代的节点上，每个企业领导者都必须思考：如何为客户提供超强的价值体验？如果不能为客户提供超强的价值体验，单靠过去的人际关系或者情感来维系，商业运作和商业合作是很难进行下去的。

1. 企业到底为谁服务？

千里企业路，聚焦第一步。聚焦不是万能，但是没有聚焦万万不能。但问题在于，如何聚焦？怎样聚焦核心？

首先要做的就是聚焦细分客户。你没有那么多的时间，花在那么多的人身上；你服务的人越多，他的价值体验就越差；服务的客户群体越杂，客户的价值体验就会越差。你只有把有限的时间，花在相对来讲更有价值的人身上，才能获得更多的收益。

很多人说生意越来越难做了，我说，不是生意越来越难做了，而是现在细分做得越来越好了。当你把一部分客户服务到极致时，你的每一分努力才会产生最大程度的价值。在这一点上我自己有非常深切的感受。

2003 年之前，世华开了很多课程，有销售的、管理的、团队建设的。而且每一场都是大课，有三五百人甚至一两千人来上课。

2003 年"非典"来了，不能开大班了。那时西安的公安局和卫生局发通告：所有超过 50 人以上的会议必须进行报备，没有进行报备的都将会受到处罚。在这样的情况下，我们只能办 50 人以内的课程，我就思考，如果办 50 人以内的会议，针对什么人办？之前我们是对所有的客户提供服务，面向所有的客户进行推广。从那一刻开始，我就想，要聚焦某一类客户，并且满足他们的某一部分细分需求。因此，我们决定专门针对总裁开课，副总以下成员谢绝参加。

非典期间，我们第一次专门针对总裁开设了《总裁思想风暴》的课程，当时来了不到 50 个学员，收费是 1800 元人民币，在西安东大度假村，包食宿。第 2 天，我们开始推广下一期的《总裁思想风暴》，下一期的课程涨价到 2800 元人民币，而且不再包食宿。但如果现场立刻报名，会有特别优惠，跟首次保持同样的价格只需 1800 元人民币。出乎意料，在 15 分钟的休息时间，报名人数居然达到了 280 人！这简直是一个奇迹！

当时我就想，怎么突然报了这么多人呢？后来，他们告诉我说："姜老师，由于您专门针对我们这个群体讲课，针对性强，触动性大。我们都是总裁，在一起交流的时候，话题能够形成共鸣，彼此的资源能够共享。所以我要把企业的股东，最核心的高管全部带到《总裁思想风暴》上来，一起同修同渡。"

之前我们在推广销售课程的时候，希望更多人来参加课程，倡导全员销售，把一些业务人员和非业务人员都感召来参加课程，以为能产生更好的收益。但，这是一个非常错误的思维。从那次之后，我们就做出一个决定，聚焦一类客户，放弃对其他客户的服务，放弃对其他客户的开拓。

从 2003 年开始，我们定位"总裁首选学堂"，注重实战、实效、实操。经过四年聚焦某一类客户的细分化需求，到 2007 年，我们开设的总裁班单品课程《总裁执行风暴》在整个中国的单品领域有极强的影响力。一期课程能到 300 人，甚至 500 人，并且常常是爆满、排队上课的场景。2007 年之后，我们在这一类客户中不断深耕细作，将《总裁执行风暴》这一单品，真正做到在这一类课程中的第一名。

通过这段经历，我最深刻的感受就是聚焦少数客户，把一类客户做到极致，才可能赢得客户更大的支持，创造更大价值，才会得到越来越多客户的支持。如果什么客户都去服务，由于不够聚焦，不能给客户带来深度价值，最后客户只会越来越少。

少即多，多即少。少少必多多，多多必少少。

所以读者朋友们，你必须清楚，到底为谁服务？为谁提供价值？把谁服务到最好？就好比树上有 20 只鸟，很多人想把每一只鸟都打中，最后，一只鸟都没有打中。

不是生意越来越难做，而是社会细分化越来越强。每一位企业家必须要明晰，如果要为客户创造超强的价值体验，第一个最核心的关键就是聚焦细分客户，把某一类客户做到极致。如果到大海里抓鱼，如同大海捞针，是捞不着的。

所以再一次特别强调，一定要聚焦少数的客户，做到极致，把某一块小蛋糕自己切好，做到最好。小而美，才可能创造更加满意的客户价值。在这样残酷的竞争中，才能真正赢得市场，才能获得丰硕的成果，才能吃好那个美美的蛋糕。

2. 泛优势能赢吗?

很多企业说我有很多的优势。实际情况怎样呢？优势很多，只能叫泛优势。泛泛而做、泛泛而为。即使有一些优势，最终泛泛而为者，必然是泛泛之辈。所以，越多的优势，越没有竞争力。

那如何才能赢呢？与泛优势相对的，这个世界上成功的企业，往往是在某一项满足了客户的需求。这一项就是核心优势。既然叫核心，一般最多三个。如果是核心中的核心，只能有一个。所以，给客户带来超强价值体验，需要做的很重要的一件事情是：

不是要做十个优势，而是用十倍力量做好一个优势。

你把一个优势做到极致，才能给你的客户带来超强的价值体验。如果你做了三个、五个、十个，看似给客户提供了很多优势，但是你的时间、精力、资源、能量分散了，光环效应反而无法形成。最后每个优势由于不能给客户带来超强的价值体验，每个优势客户都不认账，每个优势客户都不买单，每个优势也无法彰显自己的强势，也无法跟对手进行竞争，最终无法获得真正忠诚的用户。

过去形容武林高手，觉得他十八般武艺样样精通。现在做企业不需要学会十八般武艺，也不需要十八般武艺样样精通。样样精通代表招招都没有达到极致，所以现在只需要一招。因为当你准备了十八招上场了，结果一招就被打倒了，第二招只能来生再见。为什么？因为你没有掌握一个原理：没有用十八倍的力度练好一招，而别人之所以一招制敌，是运用十八倍的力度练好一招，你一上场直接让你倒下。

电影《武状元苏乞儿》里面，有一个让我至今难忘的镜头。一个叫赵无极的人，要造反篡夺皇位，苏乞儿来救驾。在苏乞儿跟赵无极对垒的时候，赵无极讲了一句话，他说，只有降龙十八掌才能降服我。结果，苏乞儿真的学会了降龙十八掌。当苏乞儿打了十七招后，赵无极整个身体都受到了重创，但还没有死。他大笑着对苏乞儿说，真遗憾，你怎么只学会了十七掌，没有学会最后一掌！这时，苏乞儿也身受重伤倒在地上，他开始回忆：什么是十八掌？突然，他灵感爆发，将前面的十七掌合成一掌，形成一个组合掌，一掌将赵无极彻底拿下。这最后一掌，也是降龙十八掌中最厉害的一掌。

这个情节，大家是不是也深有感触。我要告诉各位读者的是，其实不需要打十七招，只要把十七招的力量，系统地合为一招，把这一招做到极致了，这一招就能够给对方创造极强的力量，就能够给客户带来极强的价值体验。

这个世界很多成功的企业，都是用了某一个核心价值给客户带来了超强的价值体验。就像沃尔沃，重点做好一个价值就是"安全感"。李书福先生，我跟他有很好的交往，在多年的交往当中，我知道他做事有一个很大的特点，就是非常的专注、投入，而且有一股硬劲狠劲，把一件事情做到底。所以沃尔沃其中很重要的一个特点，一定是把所有的力量都用在安全上，把它做到极致。其他的汽车能够做得好的也是同样的原理。法拉利的重点价值是"速度"，宝马是"驾驶感"，奔驰是"尊贵感"，丰田是"经济实用"。就像洗发水，飘柔是"柔顺"，海飞丝是"去屑"，潘婷是"营养"。

请再次思考一下，你的企业给客户带来的最核心价值是哪一点？如果现在提供了3个、5个价值，让你一个一个的砍掉，哪个最不舍？哪个价值最强势？哪个客户满意度最高？如果你所提供的优势中，是你最强势的，又是对手相对劣势的，同时又是客户价值感很强的，那么就把这个核心价值聚焦，做深、做透。不是做三个、五个价值，而是用三倍、五倍的力度将一个做到极致，是用十倍、百倍的力量做到极致，这样一定能给客户带来超强的价值体验。

作业实操

1. 如何用价值思维驱动产生更好的业务链条？

_____

_____

_____

2. 如何高度聚焦客户细分需求并做到极致？

_____

_____

_____

3. 如何深度聚焦自己核心优势并做到极致？

_____

_____

_____

4. 如何用组织系统保障客户的价值体验？

_____

_____

_____

第二节 如何让客户持续尖叫

一个优秀的企业和品牌，最大的挑战从来不是一夜爆红，或者成为网红。企业营销的历史告诉我们，但凡一夜之间蹿红的，很可能会在一夜之间湮灭。一些走在网红路上的产品，也正走在过期的路上。今天，企业的产品最重要的使命是活得对、活得好、活得久，能够"让客户持续尖叫"，而绝非短命的、运气型的。

1. 找到让客户持续复购的核心

过去讲"用户至上"，那么如何以用户为中心，带来最大价值？以用户为核心，最好的体现方式，就是给客户提供价值的唯一性、独特性，即"唯一至上"原则。例如可口可乐的秘方无人解。他们就把这个秘方做到极致，就卖这一个产品，卖到世界500强。

2019年7月，我带领华夏商学院同修去以色列游学，在可口可乐以色列的中心，负责人问我们，你们猜一下可口可乐在全球每天能卖多少瓶？当时，我猜5亿瓶。因为全世界60亿人口，能卖5亿瓶已经够多了！最后，他说的数字，让我大吃一惊。19亿瓶！它能把秘方这个"唯一性"做到极致，就能让客户进行尖叫！

红牛，能够提神；王老吉，能够去火；巴马水，长寿水。总而言之，在某个价值上能够持续地打造极致，你就胜了，你的客户就会为你叫好。

我有一个学员，做巴马水，投入了七八千万，让我帮他好好策划和推动一下。我调查了一下，我的很多学员和朋友做巴马水，已经没有独特性了。而且虽然巴马村是中国的长寿村，是中国百岁老人最多的一个村庄，大家都在宣传，都说巴马水能延寿，这样反而没有"唯一至上"的价值了。他说，那怎么办？我说，告诉你一个最简单的方法，赶紧注册一个"巴马1号水"，让别人感觉你就是巴马水当中的1号。同时对自己的内部团队，要拿出"巴马1号水"的决心、意念，全方位合围这个价值，让自己绝对处在同类水中的领先地位，才可能有真正的发展空间。

过去很多企业运营为什么没有竞争力？为什么客户不能为我们叫好？就像做一瓶水，很多人告诉他，买了之后可以美颜、可以长寿、可以补肾、可以减肥。结果别人相信了，买了水，结果是什么？美颜没有起到很大的作用，补肾也没有看到效果，减肥又没有起到作用。最后产生的结果是什么？就是貌似提供了很多价值，但没有"唯一性"，也没有聚焦"唯一性"，也没有强化"唯一性"。结果提供的价值越多，客户的反感越大，体验感越差，慢慢地，客户就会流失。不但不叫好，还到处叫不好。不是到处尖叫，而是用了产品之后惨叫。长此下去，企业只会越来越没有生命力。

举一个最简单的例子。一个企业，用一种实力，聚焦一个价值；另一个企业，拿一份力量去做十个价值。最后的结果是什么？不少人会觉得前一个企业的客户体验感好。但是在目前的市场竞争中，这两种企业都是没有生命力的。

要想活下来最有效的方式是什么？就是一家企业用十倍、百倍、千倍的力量做一个价值，客户的价值体验升级到十倍、百倍、千倍的时候，客户就会尖叫，尖叫之后就会产生复购、转介绍和品牌方面的延展。在这个全民自媒体的时代，要想做好品牌知名度，只要做好了忠诚客户，只要让客户产生了尖叫，复购问题、转介绍问题、持续性问题都不成问题。

企业真正有生命的业绩，一定是来自复购率和转介绍。

复购率和转介绍并不是来自很强的销售能力、推广能力，而是聚焦于客户的价值上。当把客户的核心价值需求用"唯一至上"这个原则做到极致，才是真正掌握了行业的本质，掌握了赚钱的核心密码。

为什么遇到天气干旱的时候，有的井干枯，有的井依然有水？最重要的区别在哪里？就是看这口井打的深浅。如果打的浅，遇到干旱，井水就会干枯；如果打的深，再干旱的天气依然可以水源不断。所以你不需要打十口井，而是用十倍的力量打一口井。把这口井打得深、打得透、水源才能源源不断。

总而言之，要想让客户持续尖叫，一定要卯足劲，在某个强势价值上，下狠功夫、大功夫，真正围绕这个价值，以终为始，一以贯之、始终如一。井打得足够深，在任何市场的艰难困苦之下，在任何激烈的竞争之下，依然可以带来源源不断的业务，创造源源不断的现金流，为企业提供持续性的发展保障！

2. 怎样才能给客户带来强烈冲击？

要想让自己真正地领先于对手，让客户持续尖叫，你就要找到自己与对手的差距，找到自己的特点。因此，你要特别注意的是，通过内外资源的合围发挥强大的力量，努力把自己的个性凸显出来。

"内外合围"的关键在哪里？一是内部资源的配置；二是外部资源的整合。

（1）内部资源的配置

关于这一点，当你确定聚焦某一项价值，你的研发、生产、推广、团队、资金，就要全方位地聚焦这个点，对这个点的价值给予足够的保障。就像上文讲到的沃尔沃，它把安全做到极致，一定是所有内部资源向安全这一项倾斜，比如做出世界上最好的气囊，而且每一部车配置最多的气囊。所以，当你确定好企业最核心的优势和最核心的价值后，就要将内部的资源向其高度倾斜！

（2）外部资源的整合

外部资源是那些所有能推动最核心价值的，比如供应商、渠道商、投资人、政府以及媒体等的所有的资源链接。当这些外部资源盘整起来围绕企业最大的价值来进行配置时，最后与内部资源一起形成内外一体化的驱动，这才可能让客户对你价值体验持续尖叫。

我对"以客户为中心"最深刻的理解是：不是一味地迎合客户，而是根据客户的需求，结合自己的强势，并且能够避开对手强势的地方，把客户价值体验打造到极致。为什么很多企业的销售做不好？因为他们很多人都是为了销售而销售。其实销售只是一个表象，真正的销售是基于用户的价值需求，通过内部资源进行配置，外部资源进行整合，形成一个合围的力量，给客户带来最大的价值体验，形成最好的客户口碑，让客户成为传播人，让口碑成为拉动销售最好的引擎，这才是真正的商业规律。

3. 抢占客户心智战役何时打响？

你在客户的心智中占据什么样的位置？你因为哪一项在客户心目中而重要？

简单说，不是自己宣扬，而是让客户真正体验到你哪一项最强，哪一项最厉害，哪一项给它带来的价值感最强烈，这才是真正的关键。

市场的关键不在于营销的战役，而在于心智的战役！

做品牌，就是要在客户心智中建立第一印象。你如何在客户心智中留下一个难以磨灭的印象，建立一个在某项成为第一的认知，这才显得尤为重要！

要想进入客户内心，要在他的心智中留下印象，最简单、最有效的方法就是运用第一原则，将最核心的价值做到第一，做深做透。只有这样，才能创造价值，给企业带来业绩。

我从事了超过二十年的企业管理教育。2003年的时候，我们将给客户带来的最核心价值定位为六个字：实战、实效、实操，也就是"三实精神"。

如何把"三实精神"让客户真正地体验到？这不是简单的传播知识，也不是单纯给一个课程的分享，而是深耕细作让客户实实在在体验到。

（1）如何实战？

①老师实战：老师必须是经营企业，有企业实际管理工作经验。

②内容实战：所有讲的内容，是老师亲身实战过、亲身体验过的。

③学员实战：在课程中，要有作业，把学到的内容写下来，如何落地，如何操作，变成学员企业的方案。

（2）如何实效？

①研发实效：所有参与研发的人员，一定是对知识点，对知识体系有体会、有感悟、有亲身的体验，才能参与研发，在研发的过程当中建议才能被接纳。

②模式实效：上课不是老师在上面讲，学员在下面听。所有的上课模式，我们要分组，有作业，有学员互动、交流、作业讲评的时间，要上台把做的作业进行案例分享，进行打分、评比。

③工具实效：每堂课，不仅有观念引导，有方法论的详述，还必须有工具的模板供大家进行转化。

（3）如何实操？

①现场实操：上课程的同时马上实施。比如，总裁执行风暴，每一个小组的组长就是首席执行官，从组长当中选取检察官，把整个学习当中要完成的目标，在学习的期限内拿到的成果，过程中要制定什么样的措施，如何进行检查，如何达成共识，如何承诺，做得好的小组如何奖励，做不好的如何惩罚，全部形成承诺书，最终形成执行的可操作的内容。当他回到企业之后，只需要把课堂上实战、实效、实操过的内容转化到自己的企业中进行操作就行了。

②落地实操：回到企业之后，一定要开落地大会，设定落地日，确定落地小组，落地流程，以及落地的效果，并把这种落地的效果进行检视、复盘。只有经过这样的运作，才能在客户的心智中把"实操"的价值形成它真正的体验和真正的认知。

③升级实操：比如系统课程免费复训。也就是说，学习一个内容之后，回到企业实操落地一段时间之后再次回来，透过老师课程内容的升级，再一次体验。

即使总裁执行风暴讲了250期，我依然会继续升级。每一场讲的内容都有所不同，每一场都有新的体验。再来复训的学员在经过企业的运作后，自己也有了一定的吸收和消化，复训也会有新的感受。就像同一本书在不同的时间读，领悟不同、心理也不同，带给你的体验、感知、判断、转化也是不同的。复训之后，他又一次升级，再回到企业进行实操，又是一个很好的升级迭代的成长过程。

　　总的来说，我们透过三条线打入客户心智：导师线，从主讲老师、督学老师到服务老师；流程线，从课前、课中、课后；服务线，从硬件服务、软件服务，还是到他的企业去协助落地的服务，三线合一，让客户能感受到我们的实战、实效、实操，在客户的心智中留下强烈的认知。只要一想到实战、实效、实操，就想到"世华教育"。一想到"世华教育"就是实战、实效、实操。我们二十年如一日把这个价值深深地焊牢在客户心智中，持续地打造，形成独占性、独特性。

　　当客户的心智被你抢占后，才能形成客户真正的终极认同，产生持续的价值权利，形成后续长期的价值传递和合作关系。

　　如何让客户持续尖叫？第一，"唯一至上"原则，把一个价值打深、打透，做彻底；第二，"内外合围"原则，把内部资源的配置最大化与外部资源的整合组合起来，将一个价值给客户带来的冲击最大化；第三，"心智占位"原则，不仅要把这种价值宣扬到位，而且还要在客户内心形成强烈的认知，持续地在他心中生根，最后形成长期的合作关系。这三大原则如同几何学中的等边三角，相互支撑，缺一不可。

作业实操

1. 如何使用唯一至上价值原则？

_____

_____

_____

2. 如何盘整内部资源，聚焦核心价值？

_____

_____

_____

3. 如何整合外部力量驱动核心价值？

_____

_____

_____

4. 如何在客户心智中建立深刻的独特认知？

_____

_____

_____

5. 如何一体化推动，让客户持续地尖叫？

_____

_____

_____

第三节　如何与客户建立长久链接

读者朋友，请你思考这样一个问题：你跟客户的合作是一次，还是一生？相信每一位企业领导者，都会选择跟客户终身合作，产生持续的价值，为企业赢得长久的利益。如果要想与客户建立终身的价值链接，那就不是简单地给客户提供一个核心价值就可以了。我们要在核心价值之上，再满足客户三个价值：第一，附加价值，给客户带来惊喜；第二，偏好价值，让客户为之感动；第三，深度价值，与客户真正形成终身链接。

1. 附加价值 = 促销品吗？

附加价值是什么？就是在提供最核心的价值体验上，再给客户一些额外的惊喜。这里特别跟读者朋友强调一个观点：

附加价值≠促销品，促销品替代不了附加价值。

举个简单的例子，你在商场买了一套西装，营业员送你一件衬衣。这件衬衣是附加价值吗？这个交易里，有一个前提：只有你买了西装，才能送你一件衬衣。这不叫附加价值，这叫促销品。也就是说，给客户送再多的促销品，也只能刺激他做某一个决定，并没有给他带来更加惊喜的价值体验。

惊喜的价值体验是什么？当顾客买完西装之后，认为已经买得超值了。但临走时，你说你专门为他选了一件衬衣，这个衬衣是如何选料，如何制作，有什么不同。最后他发现，比花钱买的感觉还好，这就叫"附加价值"。

很多企业在运作的过程中形成了一个误区，把促销品当附加价值，甚至很多企业家说，姜老师，我对客户很好，送了他很多东西，为什么他还不感谢我？为什么他对我的满意度还越来越低？因为很简单，你送的目的是刺激他购买，并没有给他带来真正的价值体验。

我跟大家分享一下我自己亲身的一个体验。世华举办"全球社会企业家生态论坛"的时候，有客户赞助了酒，我就把这个酒作为世华课程的答谢礼物。后来有同仁跟我反馈说：姜老师，我们给客户送这个酒，他们刚开始是感谢的，但他们喝了之后说，没有买的品牌酒好喝。这件事给我带来一个很大的启示：

送东西，不送则已；送，一定要能够提升客户的价值体验，而不是仅仅让客户感觉得到了一点促销品。

因为对于我们来说，客户来上课，是为了解决企业发展中的问题，是想要改变组织中的困境，让企业得到持续增长。那我们能给客户什么样的附加价值呢？最后，我们经过讨论调研，做了一个决定，就是帮客户拿出**落地性的工具服务方案**。

什么是落地性的工具服务方案？我发现很多学员听完课程后，在进行落地时，有很多难点、疑点，不知道如何解决。因此，当客户听完世华的课程后，我们提供的最重要的一个服务，不是课程之前的推广，而是课程之后的落地。我们到客户企业帮助他们落地，提供落地性服务，系统的工具，系统的体系。当这个附加价值推出后，有很多客户的体验感就非常好。

记住，附加价值一定是对客户没有要求、没有条件，甚至之前没有承诺，客户根本没有期望，而是在产品交付过程中或产品交付后，你提供了额外的价值，并且这个价值非常独特，并且是你组织了团队的成员，用心、用力把它做到，让客户感受到、体会到之前没有期待，没有承诺的价值，他才会为此惊喜、为此感动，这才叫真正的附加价值。

2. 把握好打造偏好价值的四个维度

每一个消费者消费时，都会有不同的偏好。比如坐飞机，有人喜欢坐过道边，有人喜欢坐窗边；住酒店，有人喜欢高层，有人喜欢低层，有人喜欢靠电梯旁，有人喜欢离电梯远一点；吃牛排，有人喜欢七分，有人喜欢九分，有人就爱全熟。

每一个客户，都会有一些个人的偏好。偏好价值的打造，最重要的是为大客户服务。如果偏好价值能做得到位，很多大客户，就会源源不断地向你走来。如何满足这些偏好？我们可以从四个维度入手。

（1）差异化

头等舱与经济舱的服务肯定不一样。投资 100 万跟投资 1000 万，服务也是不一样的。

（2）定制化

根据客户的需求进行定制化服务，现在很多服装生产商，可以进行私人定制，用私人定制的方式去满足更多的大客户需求，做培训也是如此，有人专门要做内训，也有人专门要做咨询，这都是定制化的方式。

（3）一对一

要有私密的空间，不受人打扰，保持专注，保持隐私，这些服务都是用一对一的方式，更有针对性的方式吸引大客户，同时给客户带来更大的价值。

（4）个性化

根据客户个性化的需求、个性化的要求进行设计、打造，甚至双方共同参与，共同完成。现在整个时代的发展，越来越年轻化，越来越个性化。不管是服装、房子、汽车、装修，甚至是课程学习，都越来越个性化。越个性化，越得到青睐，越是个性化的客户，越忠诚。

因此，想让客户形成更长期、更持续的链接，让客户不要弃我们而去，需要在差异化，在一对一，在定制式，在个性化这四个维度上下好功夫，这样，就能够给客户带来更好的偏好价值，同时也更能引发客户的忠诚，让合作变得更加持续。

3. 与客户形成长久链接不难

我们与客户的关系不是走一次，而是走一生；不是走一回，而是走终身。不管是采用股权方式、联盟方式、捆绑方式、盟约方式，还是生态圈打造的模式，所有的措施都是为了与客户产生深度联系。你中有我，我中有你，内外一体化，这样才能与客户走得更长、更远。

如何让更多的客户，跟我形成长久链接，产生深度价值？拿世华来说，二十多年来，我们有几十万的企业家学员，不可能所有的学员都成为世华的股东，也不是所有的人都跟我一起创办"北京华管理学院"做免费大学的事业，也无法建立一个异业联盟，一起合作。虽然有一些这种深度价值的合作，但参与度的范围还不够广，无法保证每个学员都能更好地参与。

怎么办呢？我们成立了"世华校友会"。除了总会，每个省成立校友会分会。校友会有会长、联席会长、学习促进委员会，相互学习促进；有事业发展委员会，在事业上相互托举；有快乐生活委员会，一起享受生活；有联谊活动委员会，增加相互的情感。

课程学习不是每天都有，在学习之外，这样一种平台可以一起学习分享，事业上相互托举，生活情感上相互促进。而通过"世华校友会"的方式，就与这些学员形成了一个终身的链接。而且学友与世华之间、学友与学友之间、学校与社会之间，都能形成一个链接，建立一个终身的捆绑。这就是给客户带来的深度价值。

举这个例子，是希望读者朋友，可以针对自己企业的特点，自己产品的特点，找到能与客户产生深度价值的地方，与客户发展长期的友好的合作关系。

如何把附加价值、偏好价值、深度价值，这三大价值做得更到位，这里给大家提四点建议。

（1）三维对比

①是不是客户最需要的价值？

②是不是能够提供自己最强势的价值？

③是不是提供的价值是对手相对比较弱的价值？

如果能够透过这三个维度的对比，找出给客户带来的附加价值、偏好价值和深度价值，客户就会觉得特别惊喜。

（2）唯一价值

唯一价值就是你不能在附加价值、偏好价值、深度价值之外，又提供很多其他价值，这就违背了战略思想。提供一个价值，给客户带来超强的体验就可以了。如果提供三个、五个，你的时间精力资源又分散了，最后客户又没有很好的价值体验，就算做了附加价值，也没有真正的效果。

就像美年大健康，他们是在这个领域中的第一品牌，在全国拥有逾400家体检中心。他们有5个老总参加世华"华夏商学院"系列课程。

我在《顶层战略架构》课程中，为他们的附加价值做设计时，他们告诉我，他们有很多优惠券、答谢券可以给客户进行赠送。我说这个不是最强的价值体验，送那么多，还不如把一项做到极致。他说，姜老师，那把哪一项做到极致？

一般体检中心最后一个服务流程是客户体检完后，用完早餐就离开。如何把最后一个流程的价值点做到极致？我说，很多体检中心早餐饭菜品质一般、环境一般、服务态度一般，甚至很多服务员，就像一个看管人，害怕别人没有付费，跟蹭饭似的。我说，你要做的事情，就是要把早餐做到极致，请最好的厨师，装修最好的环境，用最好的食材，请最好的服务人员，把客户服务到让他难以置信，而且还是免费的，甚至在客户离开的时候，都再次确认，真的是免费的吗？我可以走了吗？我说，不仅告诉他免费的，走时，还送他一个营养健康的食谱，让客户不仅在你这里享用营养早餐，回去之后还可以在自己的家里做营养早餐。即使他不做，他拿到这个食谱也是一份温暖，一份怀念。有了这样的附加价值，我相信他自己、他的团队、他的朋友，下次再有体检需求时，就会介绍给你。

所以，不要提供三个、五个优惠，也不要送他三件、五件东西，而是把他最需要的，你最强势的，对手忽略的部分，把唯一的附加价值、偏好价值、深度价值做到极致。

不管是附加价值、偏好价值、深度价值都不能做多，先做一项，让这一项给他带来强烈的价值体验感，你就真正懂得了与客户形成终身链接的关键法门。

（3）战略导向

这里说的是战略导向，而不是业绩导向。因为企业一旦以业绩为导向的时候，为了业绩，为了结果，为了短期的目标，为了获得利润，有可能会牺牲客户。

以战略为导向才能与客户形成终身链接，以业绩为导向是很难形成终身链接的。

战略导向最大的价值是什么？一切为客户着想。所有偏离战略的、所有违背生态增长的模式，全部放弃、全部砍掉；干扰客户价值体验、破坏客户价值体验的事情，全部进行放弃。所以，一切以战略为导向，就意味着有所舍有所弃，

（4）全员保障

什么叫全员保障？就是核心价值、附加价值、偏好价值、深度价值，一旦明确之后，不管企业的研发人员、生产人员、推广人员、销售人员、业务团队，还是非业务团队，所有的一切都围绕这个价值点去做。

不管是核心价值、附加价值、偏好价值，还是深度价值，把它做到极致，每

一种价值都让客户有强烈的体验感，让他为之惊喜，为之感动，为之温暖，让他从灵魂深处感谢你为他带来的价值冲击和价值体验，让他建立发自内心的价值认知。不管市场怎么挑战，环境怎么恶劣，只要客户有这方面的需求，你就是他首选，你就是他最佳的选择，我相信你的企业在任何一个发展时刻，都能赢来市场上的先机，可以走得更远、走得更好。

作业实操

1. 如何在核心价值之上为客户提供附加价值？

_____

_____

_____

2. 如何运用偏好价值赢得客户更大的青睐？

_____

_____

_____

3. 如何通过深度价值与客户持续地建立终身链接？

_____

_____

_____

4. 如何透过系统的价值提供打造公司强大的核心竞争力？

_____

_____

_____

第三章

构建内外一体化
驱动系统

伴随着竞争环境的改变，快速发展的中国商业世界早已从之前计划经济时代的统筹管控转变为合作共赢。这需要企业在适当的时机鼓励内部创业，而其中的关键是如何寻找对的合伙人，如何内部激励。同时，为了能够将产品溢价能力最大化，企业还需要思维意识的转变，由控制转为开放性平台，由主导型企业转变为成就型企业，并思考如何能将产品的长期价值植入客户的每个接触点。

第一节　如何实施内部创业化驱动增长

有个学员曾问我："姜老师，孙悟空会七十二变，当年大闹天宫，玉皇大帝派了那么多天兵天将都打不过他。但他跟唐僧一路取经，经历了九九八十一难，遇到了很多妖精，为什么他有时候却打不过一些妖精？"我说："这个问题很简单，最重要的一个原因，天兵天将都是给玉皇大帝打工的，而妖精是真正自主创业的。因为他们的动力不一样，能量不一样，爆发力不一样，导致结果就不一样。"

1. 萧条不是经营者悲观的理由

2020 年的疫情，给所有企业带来了巨大的压力和挑战。据《中欧商业评论杂志》调查发现受疫情影响，在企业没有任何现金收入的情况下，现金流能撑过一个月的企业占 34%；撑过两个月的占 33%，撑过三个月的占 17%，撑过 6 个月以上的只占 9.96%。

在巨大经济压力面前，每个企业家都必须解决三个问题：

第一，为谁干？这决定了团队的动力。

第二，拿多少？决定了人心理的平衡。

第三，谁主导？ 决定了人内心的感觉。

如果将这三个问题解决好，任何时候都能激发团队的爆发力，创造更好的成果。

讲到这里，我要跟各位读者朋友分享一位非常值得尊敬的企业家，他就是与松下幸之助、盛田昭夫同样被誉为"经营之神"的稻盛和夫。

稻盛和夫一手打造了两家世界500强的企业：京瓷、电信（原名 DDI，现名 KDDI）。虽然经历多次金融危机，但在他的经营下，这两家企业50年间从未亏损过。可以说，他是名副其实的创业者和企业家。

当他将近80岁时，准备退休安享晚年，又赶上日本经济大萧条。当时，日本的国有企业日航面临破产，企业负债165亿美金，净资产负77亿美金，每天亏损上亿日元。当时日航的股票价值仅剩137亿日元，还不够买一架波音787的飞机。负债累累的日航都已经向日本东京地方法院申请破产。

在这样严峻的形势下，当时的日本首相鸠山由纪夫亲自上门拜访稻盛和夫，希望他出山拯救日航企业。老人再三思考，决定再次出山。仅仅用了1年多的时间，稻盛和夫就让日航盈利创历史新高，不但让日航重新上市，而且拿到了三个世界第一：盈利世界第一、准点率世界第一、服务世界第一。

这样的奇迹，让全世界都为之折服。

我想你也一定会好奇，他到底使用了什么魔法，能够力挽狂澜，让濒临破产的日航重新走上正轨？

稻盛和夫先生曾经说过："萧条不是经营者悲观的理由。如果每家企业不能得到10%的增长，就算不上真正的经营。当经济萧条时，或者遇到巨大的企业挑战时，每个企业者都要做五好件事。"这五件事也许可以解答上面的问题，我们来分享一下。

（1）全员销售

销售，不仅仅是销售一种产品，更是一种能量、一种气场、一种感召力，要让全员有共同战斗的感觉。

（2）开发新产品

萧条的时候，是所有人思考、转化的最佳时间，而这个时间也正好是开发新产品的最佳时间。当市场爆发时，新产品会是企业爆发的机会。

（3）彻底削减成本

经济萧条时，企业势必会想办法削减成本。在这个过程中，全员整个思考的角度、执行的力度都会比较强，全员也比较配合，能够真正起到削减成本的作用。

（4）高效的运转率

经济萧条时，面临市场困境，每一个企业的团队成员都有一种战斗的精神。这种精神不亚于任何人的努力，可以一天当三天用。超越常规的付出，才能创造真正的奇迹。

（5）构建良好的人际关系

锦上添花易，雪中送炭难。经济萧条时，去温暖客户、温暖朋友、温暖合作伙伴，也是一个最佳的时间。

任何时候，尤其是困难时期，稻盛和夫先生所提出的在经济大萧条情况下，这五个重要的建议，我觉得特别适合企业经营者在当下进行思考，并践行，一定可以让我们驱动增长，获得有效的解决思路。

2. 搭建合伙人的增长团队

优秀的企业领导者都要思考这样一个问题：如何发挥团队每个人的力量，让他们成为企业的经营者、创业者，实现人人共创、人人共享，企业创赢。

企业在适当的时机，应鼓励内部创业，这其中的关键是如何寻找对的合伙人，如何内部激励。关于内部创业化所产生的强大驱动，为了让读者朋友更容易理解、吸收，这里给大家举一个例子。

酒类电商第一品牌"酒仙网"的董事长郝洪峰先生，不仅是世华的杰出校友，也是北京社会企业家联盟的联席主席。

2005 年的时候，郝洪峰还只是山西的一个酒商，做的也是典型的传统行业，2008 年郝洪峰在清华上 EMBA 时，才接触到互联网，当时他就想互联网这么便利，完全可以把酒搬到互联网上去。于是 2009 年 10 月，他在山西太原创建了酒仙网。

成立以来，郝洪峰采用"内部创业，外部合伙人"的合作方式，他提供品牌、产品、业务模式，把所有销售收入的一部分收益分割出去，整个业务团队实施"内部创业，分配机制"的模式。透过这样的模式，在整个企业推进上，线上线下形成了裂变式增长，业绩也获得了重大的突破。

几年来，酒仙网打破了传统渠道层层代理的商业模式和行业壁垒，重塑酒水生态，充分打通了前端的运营和后端的供应链，与国内 80% 以上的酒企建立深度合作关系，与天猫、京东、苏宁易购等十余家国内知名电商平台实现深度合作。酒仙网链接起酒厂、酒商和消费者，并以此形成自身的开放式生态闭环。

动员一切可以动员的资源，影响一切能影响的人，让他们真正有内部创业的思想，创造内部创业的机制和文化，让每一个人都动起来，让每一个人都能销售最大化、成本最小化，让更多人一起来共创、共治、共享，这样的企业才能闯过一切困境，创造奇迹。

人人都是合伙人、人人都是经营者、人人都是创业家

当你的企业人人具有这种理念的时候，会产生什么变化呢？世华一直在倡导这样的创业理念。我们开课，一般都是安排在五星级酒店，学员为了上课方便，一般也都是入住开课酒店。那我们的同仁是住开课的五星酒店，还是旁边的快捷酒店呢？如果住开课酒店，成本会比较高，住快捷酒店，大家不一定开心。后来，我们采用"创客制"模式，就是创造的营收跟每个人有关，省下的成本也跟每一个人有关。这样，他们就建立了这样一个思维——赚的是营收，省的是净利。有了这样的思维，每次开课，同仁不仅自觉自愿住快捷酒店，而且都是住标间，没有人愿意开大床房。因为他们知道，省下的每一分钱都是净利，每个人都可以从中得到应有的收益。

所以，我建议企业管理者好好思考，如何更好地让更多人为收入负责，为成本负责？如果你能够让更多人的成本、收入、奖金与企业有效挂钩，让人人都能分享节约而来的利益，人人都为营收驱动，为成本削减，变被动性为主动性，共创、共治、共享，企业一定可以创造更好的成果。具体到方法上，有几点是需要读者朋友考虑的。

（1）找对首席合伙人

什么叫首席合伙人？就是某个经营单元、某个关键部门、某个分公司里的第一负责人。首席合伙人选对了，可能整个部门就对了；选错了，整个部门也就错了。针对这一个人，读者朋友需要掌握一个核心的关键：

首席合伙人不仅是部门最大利益的享有者，还是责任最大的承担者。

作为首席合伙人，他要愿意为这个利益去创造，也要愿意为达不到这个成果而承担，并且写下承诺书、立下军令状，成为这个经营单元的第一负责人。人人都可以创收，人人都可以参与成本节约，人人也都可以参与收益的奖金分配，但必须找到一个最大的承担者和最大的引领者，这才是推行合伙人模式成功的制胜关键。

（2）合伙共识

企业的发展不是一个人的行动，而是一个群体的行动；不是一个人的战斗，而是一个群体的战斗，是让大家一起共度为先、共同挑战、共同创造。

如何共同挑战、共同创造？那就是不能像过去一样仅仅是上班或打工的状态，而是能够真正为使命而战、为责任而战、为荣誉而战、为成果而战，为企业营收负责，为成本负责，为利润负责。

我记得有一次，我们要紧急上线"云学"App的一些功能。如果按时上线，将对整个企业产生很大推动；反之，不仅是办公成本、人力成本，还牵扯营销成本和时间成本的上升。当时，我把技术总监和几个核心负责人召集在一起开会。我说，现在的情况有两个解决方案。第一，外包，60万元人民币，时间两个月，完成所有功能。当然每延迟一天他们要承担违约的责任。第二，你们来做，同样是60万元人民币，两个月时间。这60万元减去办公成本、同仁工资，以及所有的加班奖励等之后，剩下的就是你们小组的利润。而这个小组的利润中，作为技术总监，你可以拿20%-30%；所有核心成员再拿30%；所有参与开发的人员可以享有40%，人人都可以享有这样一个利润分配。当然如果达不成，就要承担一定的惩罚。我说，我们今天能不能达成共识？如果可以，你们就是合伙人的状态，要为目标负责，写下承诺书。后来，他们不仅达成共识，并且写下了承诺书，全员签上了字。

　　一周之后，我回到北京，发现办公室技术团队的人员都不见了。当时我很惊讶，怎么回事，难道他们因为我下了这样一个要求，全体辞职了吗？后来，了解才知道，所有的技术人员达成了一个共识，要想保证两个月之内一定达成目标，他们要进行封闭式开发，在市里不方便，他们集体搬到平谷的北京华夏管理学院。他们每天规划作息表，早上几点起床，晚上几点休息。不仅如此，他们还动员自己的家人支持他们这一行动，家人每周最多见一次，而且必须到学校去见。

　　让我特别难忘的是，我去北京华夏管理学院想慰问他们，请他们吃个晚餐，结果技术总监跟我说，姜老师，谢谢你的心意，我们好几个技术同仁说就不陪你吃饭了，他们现在进度特别赶，晚上有很多事情还要完成。在这种情况下，我就没请他们吃晚餐，而是给他们买了几个西瓜送过去。他们觉得吃西瓜都占用他们的时间，我把西瓜切好放在桌子上，他们也没有围在一起慢慢吃，慢慢聊天，而是把西瓜放在电脑前，几口吃完就又投入工作当中。

最终的结果是他们提前一周完成了既定的成果，保证"云学"App 特定功能的上线。为什么可以创造这样一个奇迹？就是因为人人都愿意为创收负责，人人都愿意为成本负责，人人都愿意为利润负责的时候，才可能在困难和挑战之下创造奇迹。这件事情给了我一个很大的触动，其实每一个人都有巨大的潜力，最重要的是，你一定要让他知道，每个人要为自己而战。

（3）机制清晰

在什么地方清晰呢？

成本、收入、利润、分配比例要清晰。

就是什么是这个项目的成本，什么是它的收入，什么是它的利润，以及产生的利润计算出来后，每个不同级别的人能共享的比例是多少，都要清晰地明确下来。

比如在世华，房租就是一项很大的成本。上海世华的总经理告诉我上海办公室准备搬家了。我说："上海办公室用了好多年了，为什么要搬家？"他说："我们有一个客户想跟我们做资源的整合。因为那个客户的办公室空了几百平方米，希望我们的客户资源跟他的客户资源一起进行共享，所以邀请我们过去办公，免费提供办公室。"我一听这个方案，就明白是什么意思了。上海世华的办公室，如果能有人进行资源互换，给我们免费提供，就意味着每年要省下上百万元的租金，而这省下来的就是利润。

从这个维度上讲，只有每个人、每个部门，真正为成本、为收入操心，整个企业的营收才可能更好地增长。当整个内部创业化的机制清晰后，就会形成一个自然化的驱动。当然整个组织的层级，越扁平化，增长越显著。首席合伙人、高级合伙人、合伙人三级就属于扁平化。整个级别、整个组织结构，不是金字塔式，这样整个组织的驱动就会更加高效给力。

3. 避开合伙人模式可能失败的原因

合伙人模式可能失败的原因是什么?

最大的原因就是不够坚定。当我们去做一件事情的时候,要么不开始,一旦开始就要非常坚定。做企业最大的忌讳是什么? 就是左右摇摆,左也行右也行,或者左也不行右也不行。其实我们往左也能成功,往右也能成功,但是左右摇摆就难以成功了。

当你左右摇摆的时候,你就快放弃了。

当你决定做内部创业的时候,只要把首席合伙人选择好,大家达成共识,制定好清晰的机制,就这样坚定地、坚持地去做,一定会走出一条成功的路来,而且一定会创造很好的模式。只有领导者坚定了,核心团队坚定了,才能引发全员的坚定。

我们要舍得拿明天的钱去激励现在的团队,我们要懂得拿社会的资源来激励我们自己的团队,去创造更大的突破。然后坚持、不断地去总结、不断地去升级,把内部创业化变得系统化、体系化,在整个组织中,不断去复制、不断去驱动,形成一个合伙人的循环,为企业创造良性和持续的高绩效,产生高利润。

作业实操

1. 如何建立合伙人创业理念?

_____

_____

_____

2. 如何选对真正的创业合伙人？

_____

_____

_____

3. 如何建立清晰明确的合伙人机制？

_____

_____

_____

4. 如何更好地达成合伙创业共识？

_____

_____

_____

5. 如何坚定地推行内部创业模式？

_____

_____

_____

第二节 如何实施客户一体化驱动增长

如何能将产品的长期价值植入客户的每个接触点，是对企业营销层面的一个挑战。为了能够使产品溢价能力最大化，企业的管理者需要不断地围绕客户价值、购买、分享的良性循环体系，持续投入人力物力。

1. 让消费者转变为投资者和经营者

曾经传统意义的消费者在全新的商业时代中，可以通过创新巧妙地变为投资者和经营者，这使得企业与消费者的关系由对立变成统一、从单纯买卖变成利润共同体，最终实现对企业利润最大化的推动。更重要的是，让消费者参与你的整个分享体系，让客户为你的企业和品牌背书、推广、分享。

有一年春节，我在三亚过年，在沙滩边休息的时候，一个服务员问了我一个问题："先生，您是客人，还是我们的业主？"我说："客人跟业主有什么不一样？"他说："客人就是在我们酒店住房的，业主是在我们酒店买房的。"

在我的思维认知里，酒店只是给客人提供住宿的，从来没听说过一个酒店是卖房子的。当时我就问："你们酒店的房子还可以卖吗？"他说："当然可以卖。"我问："那怎么买？"他说："你买一间也可以，买两间、三间、五间都行，你要是买住宅式的2室1厅、3室2厅也是可以的。"我说："我买下来之后，也没有时间经常住在这里。"他说，"没有关系，很多业主都是假期，或者有亲戚朋友来三亚的时候去住。你把房子买下来之后，自己来住的时候等于是你自己的房子。你不来住的时候，可以委托我们经营，产生的收益我们可以进行分成。"

我一听，觉得这是个很好的模式。当买了房子后，你获得了房子的产权，房子增值的收益是归你的；同时，你自己来住的时候，不用额外付费，还可以享受酒店服务；自己的亲戚朋友来三亚，也可以免费入住，相当于送了一个人情。而酒店呢，不仅有卖房间的收入，也有房间管理的收入，还有这些业主和客人在酒店消费的收入。

本来是一个单纯的消费者，通过这个模式来这个酒店住了一次后，就能让他来三次、十次、一百次，甚至还让他的亲戚朋友都来。这是一个多赢的局面。如果你也能把客户从一个消费者转变成为投资者、经营者，就能锁定客户，不仅是锁定客户的终身价值，而且还能产生边界价值。

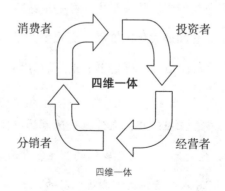

四维一体

各位读者，如果你也在这个酒店买了一套房子，以后假期或者空闲下来的时候，你一定会抽时间多去三亚；当你的亲戚朋友去三亚的时候，也一定会推荐这个酒店。你也许只是在那买了一间房，但感觉到整个酒店都是你的，有一种做主人的感觉。

这种商业关系和业务模式做了一个最大的创新，就是把消费者、投资者、经营者和分销者视为一体。

对立关系→统一关系

买卖关系→一体关系

如果能把消费者、客户，从与企业的对立关系变成统一关系，从买卖关系变成一体关系，我相信企业的业绩定会有很大的提升与增长。

2. 互联网分销裂变系统化的关键

互联网技术发达的今天，用互联网的模式，分享的技术工具，可以更好地让客户跟我们一体化，形成一个链接。

（1）看恒大网上爆发式卖房

2020年，受疫情影响，对于大多数企业来说，都是难过的一年。然而2020年2月，恒大公布一组数据：网上卖房3天锁定580亿，恒房通平台兼职销售员超千万。这是一个成熟的互联网公司都望尘莫及的数字，没想到被一个看起来很"传统"的地产商实现了！许家印和恒大管理层到底做了什么，能产生如此爆发性的增长？

恒房通平台超千万的兼职销售员中，恒大员工14万人、恒大老业主147万人，其他83%都是各行各业社会兼职销售以及房产专业中介人员。所有的用户都可以通过这个平台推荐购房者，并因此获得佣金奖励。发布这次网上卖房政策后几天时间里，恒房通平台已累计发放佣金和奖励共计近100亿元。

在这之前，恒大在多个互联网渠道投放了大量广告，这些渠道的用户可以成为销售员，也是潜在购房者。从这个做法可以看出，和别的房地产直接投放楼盘广告不同，恒大在通过互联网技术实现"全民卖房"，开始颠覆房地产的销售模式。

和普通商品相比，房子因为单价高，构造复杂，一直很难完全实现电商化。但恒大本次采取的很多措施都是结合用互联网思维中的三大思维：用户思维、流量思维、平台思维，完美地解决了一系列问题。

用户思维就是凡事以客户为中心，深度理解并解决客户的需求。比如，买房需要大笔资金，买房人不可能轻易出手。恒大网上购房中降低门槛和双保险措施，线上缴纳5000元定金，并签署《商品房网上认购书》，即可预定房源，同时"最低价购房＋无理由退房"，不仅解决购房者"怕买贵、怕买错"的痛点，也给网上购房的固有漏洞打上了补丁。

流量思维最直接的体现就是激励政策，它让恒房通变成了一款社交软件，让恒大"网上购房"变成了一个极具传播性的社交游戏。它运用"用户裂变"的策略，通过奖励刺激，号召"全民经纪人"，迅速将销售队伍扩大了几个数量级。比如对购房者来说，你交了5000元定金，若最后买房就能抵2万元房款；若没买但通过你的扩散转发介绍，推荐别人买了，不仅定金全退，还能得到1%的佣金，以及1万元现金奖；若没买也没推荐成，但其他人买走了，不仅全退定金，还能获得5000元赔偿。

平台思维不用多述。恒房通用户规模的进一步增长和活跃的流量正在为恒房通平台的生态化提供着无限想象。未来恒房通有可能成为销售其他房企的楼盘及汽车等大宗商品的超级交易平台。

恒大 3 天卖了 580 亿的一系列措施中，最重要的一个关键就是，它有把客户一体化的分享激励机制。那段时间，就连我都在自己的朋友圈经常看到有人在转发恒大卖房的信息和链接。所有转发者都将获得一定积分，积分可冲抵购房金，也可以兑换其他物品；每邀请 1 位新用户注册，奖励 10 元，新用户再邀请别人，还能再有 5 元奖励；推荐一个新客看房，将获得 100 元奖励。

过去，销售人员进行推广才会有提成；现在，消费者也变成了业务的推广者，并且即使没有购买房子，只要你愿意去分享、去扩散、去推广，也会有现金奖励。

让更多人参与到你的推广体系和分享体系。

当下，很多企业都已经开始实施"消费者、客户一体化"的分享机制，让客户亲身示范，体验了产品之后去分享，然后通过互联网的技术，形成裂变，自动生成订单，自动享有一定收益。当客户与你成为一体后，就会真正为你带来业绩的提升。所以，你可以好好思考一下，如何让更多人参与到你的推广体系和分享体系中来。

（2）产品众筹

我们不仅可以在产品研发出来之后，让客户协助你进行见证、背书、推广和分享，也可以在产品未研发出来之前，找到准客户，一起参与整个产品的研发、设计，以及营销工作的制定，这种方式通常叫"产品众筹"。

你的产品要定位于什么样的客户，要为客户解决什么问题，要给客户带来什么样的价值，通过"产品众筹"的方式，可以让更多的准客户参与进来，成为产品的首席体验官，或者产品委员会的联合发起人。对于这些参与众筹的客户，可以在产品定价的基础上提供优惠方案，一起来共创、共推产品。

通过产品众筹，让客户与企业共享荣誉、共享价值、共享市场。

举个最简单的例子，如果要向一个人卖一部手机，他可能就买一部，但如果你跟他谈一个方案，说我们准备要生产一批手机，我们一起来设计、打磨、规划，推向市场。手机准备卖5000元，成本大概是2000元。作为联合出品人，每人可以出厂价拿到产品。同时，你们推广的产品所产生的收益归自己享有，同时作为联合出品人还可享有总体市场利润的一定份额。我相信，很多人都会愿意订购；其次，会推广周边的市场，为整个产品的发行贡献自己的力量、智慧和资源。

就像小米，它的发展就离不开"米粉"们的推动。创业之初，雷军说："我有一个梦想，生产出世界上最好的手机，我要向三个企业学习。第一，向同仁堂学习，真材实料；第二，向沃尔玛学习，超越客户的期望，为客户提供金钱以外更高的价值；第三，向海底捞学习，给客户带来超值的惊喜。

小米刚创立之时，面临国内外强大的竞争对手，又无法投入巨额的广告费用。如何与对手竞争呢？对于小米而言，MIUI的地位一定程度上是高于手机的，因为没有MIUI就不会有小米手机的现在。当年小米是先有MIUI后有手机，MIUI的诞生不仅让安卓焕发了新生，也让大家进一步了解到了安卓的本意所在。

第一版MIUI发布前，雷军找了100个内测用户亲身体验，不断改进。但假如当时没有这100位用户，小米能有现在吗？当时对于小米来讲难的不是做出MIUI，而是做出来之后有人愿意认可，并且亲自参与到内测之中。这一测就是365天，直到第二年，MIUI才陪伴着小米第一款手机正式商用。

雷军说："就是这100名用户陪着我们出发，不断完善产品，发展到几亿用户。为了向那些曾默默支持小米的用户致敬，我们在小米新的总部园区做了这样一个MIUI雕塑，刻满100位最初的MIUI论坛用户的名字，我们称他们是我们的 100 位'梦想赞助商'。"

这 100 位"梦想赞助商"可以说是小米最初的"米粉"。如今，米粉已发展到几亿。每年米粉节，小米都会举办粉丝的盛大狂欢，进行对米粉的答谢活动。透过这样一个荣誉和小小的利益驱动，共同推动小米的事业，对小米的整体增长产生了一个巨大的推动。

小米 2010 年创业，2012 年收入突破 100 亿元，2017 年收入就突破 1000 亿元，2019 年收入突破 2000 亿元，成为世界 500 强中最年轻的企业。为什么能有这样高速的增长？最重要的核心关键，就是它让粉丝、客户跟他在一起成长，形成一体化的荣誉和利益的驱动，产生了强势增长的效果。

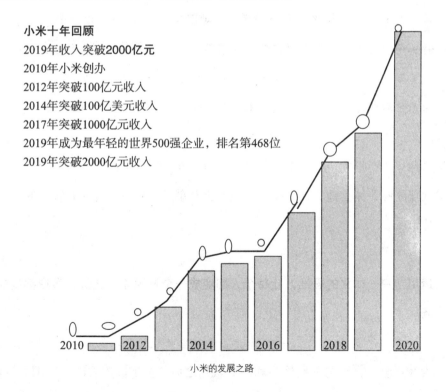

小米十年回顾
2019年收入突破2000亿元
2010年小米创办
2012年突破100亿元收入
2014年突破100亿美元收入
2017年突破1000亿元收入
2019年成为最年轻的世界500强企业，排名第468位
2019年突破2000亿元收入

小米的发展之路

任何一个产品要想产生大量的销售，就不是简单地把客户当成一个客户，一

定要想办法跟你产生一体化的联动。所以，读者朋友不妨思考一下：能不能影响更多的客户成为你的"梦想赞助团"，成为出品发起人，成为联合创始人，能在某些方面与你形成一体化的利益和荣誉的驱动。如果这样，你的业绩一定会得到很好的增长。

　　我曾经出版过两本书：一本是《领导无形，管理有道》，一年时间卖了45万册；另一本书是《领导解放，企业重生》，当时在三场"总裁执行风暴"课程上发布，卖了11万册。如果按照常态的思维和认知，经管类图书是不可能卖出这样一个数字的，我是如何做到的呢？

　　我找了一些企业家学友，让他们成为图书的联合出品人，每一本书的腰封上都写上他们的名字作为推荐；针对团购量达5000本以上的人，除了腰封，还专门印制了带有他们签名的书签。通过这种方式，很多企业家都订购了1万册以上的书；雅新服饰的许进良先生一次性订购2万册以上，送给他的客户和朋友，而且不是送一本，而是送50本、100本、200本。

这样一个销量的产生，不仅仅是我们自己在推广、自己在发行，而是所有关联的伙伴能够一体化地驱动、一体化地荣誉共享。要知道，每一名客户的背后都有一片市场。

运用客户一体化的思维，让每个人都变成一个资源体，让每名客户都变成一片市场。

当客户收获自己的消费体验和消费认知之后，去扩散、去影响周围的资源，产生一个好的业绩推动，又可以共享这片市场的效益。只有这种思维、这种模式，才能够对企业业务形成更大范畴的推动和增长。

（3）股权众筹

股权众筹是指企业出让一定比例的股份，面向普通投资者，投资者通过出资入股，获得企业未来收益。

曾经有企业家学友给我发微信："姜老师，一定帮帮我，我快受不了了。"我询问原因，他说："我投资了一个绿化项目，花5000多万元，但是一直都没有创收，现在已经负债1000多万元。债主每天逼着我，我已经无法正常工作生活了。我现在有一个想法，你能不能帮我推荐一个人，只要能帮我把这1000多万元的债务还了，我愿意把企业所有股权都给他，我真的不想再过这样的日子了。"

知道原委后，我问他："你整个企业实际的投入大概有多少？"他说："实际的投入超过5000万元的现金。"我问："你这家企业价值多少钱？"他说："即使不算无形资产，实际的企业价值也值1亿元。"

我给了他一个方案，我跟他说："你把企业所有的投入、所有的价值做一个评估报告，估值按1亿元人民币算，我帮你推荐一些做市政绿化的企业来跟你进行合作，订购你的绿植产品。根据订购量，你送给他相应的股权。比如他订购300万，你送他150万的股权；订购500万，送给他300万的股权。如果这些客户累积订购大概3000万左右时，你送出去的股权就是20%~30%左右，你依然有足够的控制权，你看这个方案是否可行？"

他非常高兴，觉得这个方案如果能成就太好了。于是，我把他和我们学员中所有做绿化、市政工程的学友一起建了一个群，我提前把思路和方案跟大家说一下，剩下的他们自己再进行沟通，或者见面洽谈。在后来不到一个月的时间，他们就解决了 2000 多万的资金，并且出让了不到 20% 的股权，还形成了长期持续的合作。

每一个企业领导者，当你能够让客户与你形成一体化链接的时候，相互驱动的资源和价值是非常巨大的。为什么很多上市企业，他们有那么大的爆发力？很大一部分的原因在于他们在上市的时候，不仅内部做同仁的股权激励，它也对企业的优质客户、渠道，以及所有关联的产业价值链进行股权化的激励。这样就让更多的客户以主人的方式、以参与感的方式，来驱动企业业绩的增长。

作业实操

1. 如何设计布局产品研发前后的众筹模式？

_____

_____

_____

2. 如何运用互联网技术进行系统化的分销裂变？

_____

_____

_____

3. 如何把握 5G 时代的流量红利促进公司新的增长突破？

_____

_____

_____

第三节　如何实施平台化驱动增长

今天的中国企业家已经意识到"合伙人"的重要意义，它从不代表着管理层对于企业控制权的丧失，而更多的是思维意识的转变：由控制转为开放性平台。因为越开放就越聚合，聚合更多的资源就有更大的资源体，就能吸引更多的资源，形成一个巨大的能量场。

1. 为什么很多企业没有做到平台化?

很多企业都想做平台，创造高额业绩，但为什么没有做到？我给读者朋友分享一个发生在我身上的一段经历，相信会带来很好的共鸣。

2012 年，世华第一季度的业绩不是很理想，全国总经理开会时，我提出问题，为什么第一季度业绩不好，让每个总经理做一个思考、总结和复盘，如何在下个季度中能更好地改进。很多人说，因为经济形势的影响、社会环境的影响、同业竞争的影响、客户本身需求发生变化等一系列的原因。

听完他们的总结，我对他们说，接下来的第二季度要比第一季度的业绩增长 1~2 倍，第三季度要比第二季度增长一倍，全年的业绩要比 2011 年增长一倍。

他们都觉得这是一个不可思议的目标。我说，只要我们有平台化的思维，用平台化的模式进行链接和驱动，一定可以创造奇迹。

当时为了更好地影响团队，达成共识，在思想上同频，我专门提出了一个"平台化"的整合理念。

我们的梦想不是成为航母，而是成为航母的海洋；

我们的目标不是成为第一，而是成为第一的助手；

我们的追求不是一味做大，而是一世的修福积德。

我们不要去做航母，因为做航母的时候，我们想到的是超越对方，能够快速到达我们的目的地。如果能成为海洋，给别人一个空间，我相信一定能形成更多的链接，产生更多的同行伙伴。我们不要总想着追求第一，而是要去帮助那些"第一"，让他们变得更加稳固。我们也不要一味地去超越对方显示自己的强大，而是要多种善缘去成就别人。当我们带着这样一种思维和理念的时候，我们开放了世华的平台，开放了我们的资源，吸引了更多的合伙人、更多的渠道商，更多的代理伙伴，形成了一个总体的联动效应。

最终，2012 年的业绩比 2011 年不仅增长了一倍，还额外超出了一些。之所以创造出这个结果，我现在回想起来，最重要的原因就是，使用了"平台化驱动思维"。

2. 从控制型企业升级到开放型企业

如何在企业里实施平台化思维来驱动组织增长？首先就要"从控制型思维到开放型思维"转变，即形成"海洋思维"，给他们一个开放性平台，促成自己的理想，实现自己的愿望，达到自己理想的彼岸。

对抗封闭最有效的方式就是开放。

越开放，就越能聚合更多的资源，吸引更大的资源体。当你是个更大的资源体时，就能吸引更多的资源。这种资源会形成一个能量体，像滚雪球一样，越滚越大，最后产生一个更强大的力量。

2020 年，对于在线教育来说，一定是一个机遇之年。我跟核心团队达成共识，把在线教育方面的资源全面开放，去吸引更多优质的内容和资源。为此，我们不管是在微博上、头条上，还是我们的公众号、"云学" App，把资源与所有这些年集聚的粉丝形成一个链接，全面共享，去创造更大的价值。

因此，我特别推出一个"百位导师智力战疫"的活动，联合数百位导师，通过各互联网平台，在智力方面为企业"战疫"提供支持。我们实施的"社会教育家公益直播""社会企业家公益直播"，为疫情之下的企业出谋划策，产生了巨大的反响。

当我们开放这些用户资源、粉丝资源的同时，也等于帮助并服务了这些用户和粉丝。而且我相信在我们服务这些用户和粉丝的同时，这些老师也会给我们引进更多的资源。

如果每个人都只想着去控制和保护自己的资源，等于是唱独角戏，最后一定是死戏；而如果大家有开放性的思维，能够彼此成就，资源共享，就会产生资源的裂变，爆发出更强大的力量。因为苹果跟苹果的交换，还是一个苹果；资源跟资源的交换，会产生更大的裂变价值。如果有这种开放性的思维，我相信大家一定会唱出一出好戏，并且能够吸引更多的观众，能够产生更多粉丝的链接效益和增长效应。

3. 成就型企业最关键的三个字

在企业里实施平台化思维来驱动组织增长，另一个要转变的思维就是"从主导型企业变成成就型的企业"。

主导型，即一切以你为主导。成就型，就是把所有的关联方作为主导者，你的核心就是去成就他。你的平台能成就越多的关联方、合作方，你这个平台就越有价值，你的平台就越能聚合强大的资源和力量，让整个平台更加稳固，并且更加富有后劲。

如何才能做到？

最关键的只有三个字：**参与感**。

也就是怎么让用户、合作方参与进去，有成为其中一分子的荣誉感。

如果各位读者要打造企业的参与感的话，不妨向这两个互联网企业学习，一个是小米，一个是阿里巴巴。小米不用多说，每一次的系统测试，每一次的现场活动，每一次的互动，浩浩荡荡的米粉永远是其最大的亮点。每次发布会的现场都能看到这样的横幅"因为米粉"。米粉们为小米取得的进步欣喜，不吝鼓励；为小米存在的漏洞建言献策，不吝批评；为小米每次的风口浪尖鼎力相助。可以说小米的每一步成长，每一个米粉都觉得有成就感。至于阿里巴巴，我给大家举个小例子，可能有更深刻的感受。

2014年9月19日晚间，阿里巴巴集团在纽交所正式上市。敲响开市钟的那一刻，八张陌生的面孔正在台上接受整个世界的注目，他们是今晚的敲钟嘉宾。"我们奋斗了这么多年，不是为了让我们自己站在那里，而是为了让他们站在台上。"马云在纽交所现场说。

敲钟人共有八位——两位网店店主、快递员、用户代表、一位电商服务商、网络模特和云客服，还有一位是来自美国的农场主皮特·维尔布鲁格，他的果园盛产车厘子，而这些水果通过天猫卖到了远在地球另一端的中国。

这一刻，马云和阿里巴巴的合伙人们、员工代表一起站在台下，为敲钟人久久鼓掌。上市敲钟是交易所最隆重的庆祝仪式，阿里巴巴此刻选择"全球最独特"的敲钟方式。这不仅让8个人有了荣誉感，更让阿里巴巴千千万万个用户都会觉得有成就感。

这种力量往往超越那种以自我为主导的组织，能够聚合更多的资源，形成更强大的商业力量。很多人曾问我，为什么我们公众号的文章没有客户帮我们转发？很简单，因为你们的文章只是宣传自己的企业怎么厉害，产品怎么好，你没有真正地以企业的各个合作方为主导，以他们为案例，进行分享、写作。如果以你的合作方、客户为主导，以成就他们、传播他们的思维来进行文章创作的话，我相信不仅他们自己，还会动员亲戚、朋友、团队，来帮助转发和扩散。

我本人就多次跟世华品牌部的同仁讲，我们写文章的时候不要老写世华怎么好，而是要写我们的客户怎么好，以我们的客户为案例，写能给客户带来价值的内容，让客户参与进来。我相信这样的内容，客户会主动去转发、扩散、影响。

记得有一次，我在北京华夏管理学院为企业家朋友们上课。那天，刚好学校举行"优秀学生颁奖典礼"，校领导希望我能够出席，并为学生颁奖。

下午课间时，我邀请企业家朋友一起去参加颁奖典礼，典礼结束后再回来继续上课。

颁奖典礼的最高奖项本来是由我来颁发。在等待过程中，我发现这些企业家大都在下面看手机，注意力不是很集中。所以，我马上让主持人调整流程。主持人随后上台宣布：现场来了一批优秀的企业家，接下来的颁奖方式是请在座的各位企业家上台为每一位优秀学生颁奖。于是，我们的工作人员根据学生上台领奖的人数，安排现场的企业家上台颁奖。

当时现场那些注意力不集中的企业家，听说邀请他们作为颁奖嘉宾时，状态立马就发生了改变。男士开始整理自己的领带、衣服；女士照镜子，整理妆容，并且这些企业家把手机交给身边的朋友说，待会邀请我上台颁奖时，一定要给我拍一张照片。

后来，我在朋友圈看见那些上台颁奖的企业家发了一段文字："今天是个特别的日子，我受北京华夏管理学院校长姜岚昕老师的邀请来到北京华夏管理学院为优秀学生进行颁奖。姜岚昕老师是一位非常富有爱心的企业家导师，帮助了很多企业得到很好的增长，同时帮助了3000多个孩子实现了免费上大学的梦想。今天特别有幸能为这些优秀的孩子颁奖，我觉得这是一件非常有意义的事情。"文字下面配上了他们自己给学生颁奖的照片。

想想看，如果一直让这些企业家朋友当观众，而不是作为颁奖嘉宾，我相信他们不会整理妆容，不会拍照，更不会发朋友圈。所以，我再一次强调，不管从荣誉上、利益上，还是各种方式上，一定要让你的客户和各个关联的合作伙伴做主人，以他们为主导，让他们在这个平台上有成就感，有获取感。如果建立这样的认知，并且变成具象的行动，我相信你的平台一定会越来越好。

作业实操

1. 如何引发团队全员具有海洋思维?

_____

_____

_____

2. 如何从控制型企业升级到开放型企业?

_____

_____

_____

3. 如何从主导型组织转变为成就型组织?

_____

_____

_____

4. 如何让内外部客户更有参与感?

_____

_____

_____

第四节　如何成为持续增长的平台型企业

是否具有利他思维是平台型企业持续增长的关键，通常情况下，如果想得到我们想得到的，就先帮助别人得到别人想得到的。这需要我们从三个维度思考，第一从控制型思维变成开放型思维；第二从主导型思维变成成就型思维；第三从利用他变成利他的思维。因此，企业需要从源头开始设计，在设计平台时，需要考虑各个元素的融合和整合，从而让导流、引流和流量转化工作更加高效。

1. 利用他到利他的华丽转身

利用他和利他，表象都是事先对他人很好，但利用之心是有预谋的付出，是为下一步利用别人而事先赢得信赖；真正的利他是对别人好，并没有带着利用之心，而是自性中流淌出的爱，发自内心，简单而又真实。

很多企业在"利用他"上，都运用的得心应手，利用别人一些资源、影响力、力量，来为平台加分、创造价值、获取流量。这种思维永远做不成一个卓越的平台型企业。我从自己切身的感受来说一下，为什么一个卓越的平台型企业，要真正从"利用他"的思维变成"利他"的思维。

新浪是中国最早的移动互联网企业。博客兴起时，我就在上面写文章，当时的目标是半年达到 100 万的点击量。没想到，我的文章经常被新浪博客推荐到首页；即使不在新浪首页，也会在新浪教育的首页推荐。于是，我就越来越有动力继续写文章。不到半年的时间，我的博客点击量就突破了 1000 万。

为什么新浪博客让我有那么大的热情持续写文章？就是源于它的"利他"思维，它一直在扶持作者。这种利他，又推动着我。那段时间，我不仅成了新浪博客的一个免费作者，还帮助它维系了粉丝，帮助它为粉丝提供有价值的内容。

后来，我在青海卫视和湖南卫视联合制作的《100 万梦想》栏目做点评嘉宾，这个节目通过新浪视频在网上同步播出。当时，微博刚刚流行。新浪视频的负责人找到我说："姜老师，我们在新浪给你开一个微博吧。"那时，我并不懂微博是什么东西，就让我的助理偶尔把我讲课的一些内容发布在新浪微博上，没想到还吸引了一些粉丝。

那一年的春节期间，我就开始准备大力在微博上耕耘，每天写一些我的思想、观点、感悟，微博就把我作为"管理"这个领域的重要作者进行推荐。在写微博时，我发现，下载微博后，系统会自动推荐与我相关的 200 个微博用户；同时，其他下载微博的用户当中，跟我所提供的内容有一定契合度的话，系统就会进行推荐。这些用户很大一部分就自动成为我的粉丝。那段时间，每天通过平台自动推荐，我可以增加 3000 左右的粉丝量。在这样的推动下，我就下了更大的力度在微博上进行写作。

线下讲课时，我也让学员关注我的微博，还做了一个 38 秒的微博广告四处扩散。同时还拿出线下课程，甚至手机等奖品进行抽奖，吸引粉丝的关注。后来，我的粉丝量涨到了 400 多万，一直在管理类排列第一，在财经类排前十，有一年最高的阅读记录达到了四亿三千万人次。

我之所以愿意贡献所有的力量，就是源于不是"利用我"，而是"利我"的思维。

马云用利他思维，创建阿里巴巴和淘宝网，让天下没有难做的生意；用利他思维，开发支付宝的功能，解决了卖家和买家的信任和支付问题；又用利他思维，从解决客户关注点及问题出发，创立了蚂蚁金服、花呗，为消费者解决了理财和分期支付等问题。这些改变让阿里的客户源源不断地聚集起来。真正带着"利他的思维"，才能真正地用这种思维为你的平台产生更好的价值。

2. 设计让合作方受益的模式

相信通过前面的分享，各位读者对我分享的"利他思维"，已经产生了共鸣。那如何通过利他思维，让平台的参与者越来越多呢？

（1）让合作方受益

一合作，就要让合作方受益。抖音在这一点就做得特别好。现在几乎全民都在玩抖音，它有一个很重要的特点，就是不管你的影响力有多大、资源有多大、粉丝量有多大，只要下载抖音、拍抖音，第一个作品就会被推送到一个500的流量池中，零粉丝的用户也可以在这个平台上被人关注。这种推荐机制就带动了很多人参与抖音、玩抖音、传播抖音，对抖音给予了带动的力量，提高了抖音的活跃度和每天的日活量，让它保持在中国领先的一个位置。

（2）合作方受益快，平台方受益慢

利他的第二个重要方式就是合作方受益快，平台方受益慢。假设你想做一个卓越的平台，一开始就合作方受益慢，而平台方受益快的话，那就没有人愿意跟

你合作了。

举个最简单的例子，滴滴在刚成立的时候，让所有合作的司机，不仅可以赚取车费，还有补贴和奖励，很快让司机获得了收益。而作为平台方的滴滴，它的收益来得比较慢。经过几年的运营，滴滴平台的价值变成几百亿美金的时候，他还没有赚钱，但是这个平台的价值和估值却在不断地增长。

这里最重要的一个核心是什么？让合作方受益快的时候，平台就会发展得快，价值的增长就会比较快。

快就是慢，慢就是快。

所以，如果你要做一个平台化的组织，你让合作方收益越快，你的平台就发展得越快。如果你自己收益越快，却没让合作方得到很快的收益，你的平台就会发展得越慢。

（3）合作方受益大，平台方受益小

当合作方受益越大，平台方受益越小的时候，最后这个平台就会越来越大。

当年，淘宝教育的负责人来到北京华夏管理学院，想跟我谈一个深度合作，希望我能够在在线教育方面投入一定的时间，并且能够引发一部分老师跟淘宝教育合作。因为我一直做的是线下教育，时间的投入非常多，就委婉地拒绝了这个合作。

这位负责人当时就问了我一个问题："姜老师，如果我们在一起合作的话，你期望分成的比例是多少？"我说："我在这个方面没有特别清晰的认知，你们的方案是什么？"他说："姜老师你猜。"我说："对半。"他摇头。

我问："那是一种什么样的方式？"他说："老师要获得的多，我们平台方获得的少。"我说："那是三七。""那也不是。"我说："那二八。""也不是"。我说："一九"。他还是摇头。我说："到底是多少呢，你就告诉我吧。"他说，"平台方只收2%，老师拿98%"。

从这个数字上看，平台方获益很小，合作方获益很大。后来我思考了一下，通过线上教育给他们带来了服务、带来了价值、带来了用户的黏性，以及未来用户所有价值的共享，这样算的话，他们平台方获取的整个价值以及持续的价值都是巨大的。

所以，要成为一个卓越的平台化企业，在"利他思维"的落地上，一定要记住这三个关键：

一、让合作方受益；

二、合作方受益快，平台方受益慢；

三、合作方受益大，平台方受益小。

看似受益慢，其实未来会得到越来越快的增长；看似受益小，其实未来会得到越来越大的增长。如果能把这三个关键做好，有这样的格局，你一定会聚合一个更大的平台，链接更多的资源为你所用，最后真正变成一个更强大的平台化企业，创造更加持续的收益。

3. 良好的口碑是这样产生的

最近几年，头条为什么能够得到井喷式的增长？很重要的一点，就是它把

"利他思维"的三个关键运用得淋漓尽致。

　　当头条透过微博私信的方式邀请我入驻的时候，因为工作太忙，而有些犹豫。但当我在头条发表一些财经文章的时候，他们就开始给我进行推流，刚开始每周的流量大概在一千万到两千万。这样的一个流量对我来说是一个很大的支持，所以尽管讲课繁忙，我依然有动力持续在头条上发送文章。

　　在这期间，头条开展了一系列对头条号作者的培训、奖励、排名、送礼物等各种各样的活动，扶持作者，在平台上对整个合作方进行投入。入驻头条财经后，我还多次得到微头条的排行榜第一，并且还送给我礼物，有专人进行服务。在这个过程中，我充分感受到了头条的"利他思维"和利作者的思维。

　　在头条的系列活动推动和扶持当中，我在2018年获得了财经领域"最佳创作者"的荣誉。获得这样的一个结果，最重要的一个观念是什么？我觉得还是整个头条系，它对整个创作者、合作者的"利他的思维"，用一系列的动作模式来实施，激发了创作者在整个头条财经的参与感。

如果你真的要构建一个平台，一定要把"参与感"这个事情做到极致。

　　记得2014年8月的时候，小米的联合创始人黎万强给我寄了一本他写的书《参与感》。当时，我并不认识他，他为什么送我这一本书呢？后来才知道，他不仅送给了我，他还送给了其他500个在新浪微博财经领域具有影响力的作者，书中都有他的亲笔签名和箴言。我们这些财经作者专门在新浪微博上，为他这本书写了推荐。过了20天左右，他在各个书店、各个机场才开始正式发行这本书。等于这本书真正上市的时候，已经有很多具有影响力的人在帮他做推荐和扩散。

所以，我再一次强调，如果想做一个平台化的企业，一定要有开放性的思维，一定要有成就性的思维，一定要有利他性的思维，要把它变成系统、变成模式、变成流程去推动。

让更多人成为你企业的主角，让更多人在你的平台上有参与感、价值感、荣誉感，他才会去晒、去炫、去推。

当我们越利于关联方，最后越能成就一个更大更好的平台，聚合更多的资源，产生更好的影响，并且拥有更持续增长的引擎。

作业实操

1. 如何全员践行利他精神展开关联合作？

_____

_____

_____

2. 如何设计一合作对方就受益的模式？

_____

_____

_____

3. 如何设计合作让对方受益快的模式？

_____

_____

_____

4. 如何设计合作让对方受益大的模式?

_____

_____

_____

第四章

贯通线上线下
融合系统

"祸兮福所倚，福兮祸所伏"，每一次危机之下都孕育着全新的生命，每一种生命都会诞生全新的模式，这就是商业社会生生不息的源动力。未来中国的很多企业，不再是传统企业和互联网企业，而是线上替代、线上融合的企业。这意味着企业要么主动融合，要么被动融合，要么淘汰出局。因此，团队线上融合思维的改变就尤为重要，例如怎样用线上融合的思维、模式、工具来系统构建？怎样转换线上融合消费场景？线上融合并不意味着企业要做什么转型，而是要把客户价值体验持续升级，并且用线上融合思维的架构来打造属于自己的粉丝团、财富团。

第一节　如何拥抱线上替代的浪潮

线上业务的开展是现在的大趋势。尤其是如今的形式，倒逼企业思考自己的商业模式，思考如何借助互联网技术和先进的思想方法，转化消费场景的模式，获得更大的成本效益、竞争优势和发展动能，能够去构建一个新的商业价值、商业交付、商业体系，带来企业新的业绩增长点。

1. 寒冬下的出口在哪里？

一场病毒战役的来袭，让很多行业的寒冬期延长。经济寒冬中，每个企业都生存维艰，但一定是"姿势更正确的企业"才有更大的生存机会。

2020年春节，因为疫情的影响，让很多正常的规划彻底被打乱。尤其影视行业，原计划春节上映的多部电影都无法正常上映，徐峥拍摄的贺岁电影《囧妈》也在此列。但是徐峥却另辟蹊径地与字节跳动达成合作，将独家播放权以6.3亿的价格卖给了字节跳动。我们普通群众都能在字节跳动旗下的头条、抖音、西瓜视频、火山等平台免费收看。上线三天，《囧妈》

播放量突破 6 亿，总观看人次 1.8 亿。而字节跳动也获得了巨大的流量，仅 2020 年 1 月，整个应用市场的下载前十名，字节跳动旗下的 App 就占了 6 个之多。

这件事本身就是三赢的好事，观众免费看了电影，电影出品方则获得了利，字节跳动公司获得了名，不仅是巨大流量的获得，对于西瓜视频进军长视频，以及与同业的竞争都产生了很大的优势。透过这个案例，我想给读者带来的思考是什么？

对于很多长期扎根于线下的企业，移动技术提供了丰富的战术支持；我们已进入一个非常重要的"线上替代"的时代。在这个时代中，使得企业在购物、获客、教育、办公、开会、招聘、培训、交易等多维度，拥有了成本型结构优势下的不断提升。我们如何拥抱这个浪潮，成为这个浪潮的引领者呢？在这个时代中，企业迫切需要风险系数极低、效率更高的线上业务解决方案；谁能提供解决方案，谁就能成为他们信赖的服务伙伴。

2. 让全员拥有线上替代思维

一场百年不遇的疫情，给所有人带来了工作、生活和行为习惯上的变化。我们开始习惯线上拜年、线上购物、线上获客、线上教育、线上教学，甚至透过 VR、AR 技术，身临其境地感受线上旅游。

因此，企业组织一定要借用这个契机，用线上替代的方式给企业带来发展。可以思考一下，有哪些线上替代的方式可以成本更低、价值更大、效率更高，把这样一种思维落实在企业的工作之中。我们可以在几个方面做一些尝试，提高效率、降低成本。

（1）线上办公

线上办公是通过稳定、安全的网络传输，支持员工的日常办公需求，包括访问公司内网数据库、邮件收取、CRM、ERP、参加视频会议等。与传统办公方式相比，线上办公具有提高企业运行效率，降低企业差旅和租金成本，提高员工开会频次等多种益处。

（2）线上开会

线上会议不仅在特殊时期肩负起企业营销、连接和转化客户的重要职责，平常也能降低企业差旅成本，提高工作效率。经过充分实践，线上会议可能不再只是线下会议的临时替代方案，而将成为企业的常态化选择，驱动企业重构新的工作方式、连接客户方式和合作方式。当然，从线下到线上，会议的组织方式、参与方式、互动方式发生了变化，然而会议的核心要素始终不能变：高质量的内容＋建立连接的社交互动＋会议的仪式感。

（3）线上招聘

线上招聘解决了企业与更大范围内的人才见不了面，对接难、招聘难、就业难的问题。建立有效对接，加强了企业与人才的有效对接，让企业和人才实现了供需精准对接、人岗精准匹配。

（4）线上培训

2020年，线上教育井喷式增长，同时也改变了人们学习的方式。对于企业来说，通过线上培训系统，企业培训可以摆脱时间和空间的限制。在线培训的时候，可以有作业、考试、比赛、打分、排名、奖惩等形式。

（5）线上获客

传统的获客方式有电话、广告、分销等，而疫情过后，很多企业才发现"线上获客"能力的重要性。无论什么类型的企业，都必须拥有线上获客的能力。线上获客的本质，是靠内容获客，深刻一点来讲是靠价值获客。未来各种线上平台会越来越开放，图文、短视频、音频等各种形式都有，企业必须创造出有价值的内容去吸引你的客户。

（6）线上交易

线上交易通过互联网技术，凭借虚拟货币，可以完成各种实体物品、信息服务、虚拟产品的购买。线上交易将成为发展企业产品销售的利器，它打破了时间、地域的限制，将成为目前乃至未来的新常态。

3. 转化消费场景创建新商业价值

中国人口 13 亿之多，网民人数超 8 亿，而微信和 WeChat 的合并月活跃账户数超过 10 亿。可以说，企业正面临着一次重大的流量争夺战。

在流量争夺中，最重要的不是获得"流量"，而是获得"留量"。

困难时期，必然有一批企业倒下，也必然有一批企业崛起。就像 2003 年非典，有企业破产了，也有企业快速发展。像当年的京东、阿里、顺丰，包括新东方，都是在"非典"后崛起的企业。

俞敏洪在"2019 年全球社会企业家生态论坛"上，被评委一致推选为

"2019 年度杰出社会企业家"。在 2020 年的新冠疫情中，他第一时间捐赠了 1 亿元人民币。

2003 年之前，新东方主要做线下培训。但是"非典"爆发后，政府要求人群不能聚集。这势必影响新东方当时的线下教学，很多课程不得不停课、退学费。然而，在这样的困境下，新东方的老师和员工的工资没有停。在这种情况下，整个新东方面临着 2000 多万资金的缺口，俞敏洪个人借款 700 多万，再加上其他筹集的资金，才勉强渡过难关。

"非典"期间，新东方亏损了上亿元人民币，但是那段时间他们坚持发工资，坚持持续的团队打造。所以当疫情过后，所有的团队成员快速回归企业，快速进行开课。在那段时间，甚至达到了一课难求的场景。2006 年，新东方在美国上市，成为中国教育培训领域的领军企业。

任何事情都有它的两面性，一面是危机，一面是契机。就像前面我们提到的徐峥，在影业遭受前所未有的冲击下，他跟字节跳动的合作，依然找到了历史性的契机；恒大通过线上卖房的方式，几天的时间就卖了 6 万多套，金额达到 580 亿元之多。

所以，即使遇到困难，我们也不能停止思考：你在困难中看到的是危机，还是契机？如何通过自己的思考和行动的采取，把危机转变为发展的契机？

不管社会如何变化、时代如何竞争，只有倒闭的企业，没有倒闭的行业。

任何事物要辩证地去看，所有看似受损的行业未必都受损，所有受益的行业未必都受益。困难是阶段性的，客户的价值是持续性的，只要我们牢牢抓住客户的价值体验，不断给客户持续地输出价值，利用"线上替代"的模式，做一个场景的转换，构建一个新的商业体系，有可能会带给我们过去没有想到的，或者过去我们想到却没有花力气去做的一些事情，可能会迎来一个线上线下的融合一体化，带来企业新的业绩增长点。

5G时代已经到来，短视频是一个非常重要的契机，透过消费场景的转化，透过线上的方式，再结合短视频营销这个历史性契机，我们一定可以创造新的增长点，并且会带来更好的变现方式。

作业实操

1. 如何引发团队全员拥有线上替代的思维？

_____

_____

_____

2. 企业有哪些方面可常态化使用线上替代？

_____

_____

_____

3. 如何利用5G时代的流量红利进行留量？

_____

_____

_____

4. 如何拥抱疫情之后的新契机？

_____

_____

_____

第二节　如何运用线上融合推动增长

　　苏宁认为他最大的竞争对手是国美，曾宣布要用5年的时间去超越国美，大肆开店。后来随着互联网的发展，苏宁易购不断发展。但令张近东没有想到的是，他最大的竞争对手不是国美，而是京东。

　　马云创办的"淘宝"和"天猫"创造了电商史上的奇迹，可能他也没有想到他的竞争对手会出现拼多多，他可能更没有想到的是两个做短视频的"抖音"和"快手"，接下来也将成为他重要的竞争对手。现在抖音和快手这种直接用主播带货的方式，其感召力和推动力非常之强劲。

　　这里我想表达的核心思想是什么？中国是全世界网民最多，也是最活跃的国家，每一个中国企业都必须明白这样一个很重要的原理，我们现在不再是传统企业和互联网企业，未来只有两类企业：

　　第一，线上替代的企业；

　　第二，线上融合的企业。

　　如果不能把线上替代和线上融合很好地实施，企业将面临更大的挑战。

　　2018年，在全世界排名前十的互联网企业当中，有苹果、谷歌、微软、Face-book、亚马逊、阿里巴巴、腾讯、百度、京东和雅虎。

这十个互联网企业中，中国的互联网企业占了四位。这些企业都在改变着商业环境、商业历史和商业进程。在下一个商业时代——5G时代中，企业如果再不能很好地实施线上替代和线上融合，将很难赢得商业上新的契机。

如何运用线上融合来推动增长呢？

1. 企业领导者线上思维转变的核心点

一个企业为什么老是改变不大？

因为老板没有改变。

老板是第一驱动力，也是第一阻力。要让整个组织实施线上融合，企业领导者的思维观念和认知是首要的驱动。

2013年，央视财经频道举办的"中国年度经济人物的颁奖"中，格力的董明珠和小米的雷军，两个人相遇，定下了一个五年的赌约，看谁的业绩能够更高。当时雷军说，如果在五年的时间，我能够超过格力的业绩，希望董明珠能够赔他一块钱作为赌金。董明珠说，如果你赢了，我不是给你一块钱，而是10个亿。

到2018年，小米的营收是1749亿，净利润是85.55亿；而格力的营收为1981.23亿元，同比增长33.61%，净利润262.03亿元，同比增长16.97%。这一次的赌约中，董明珠赢了，她跟雷军说，这一次的10个亿，我就不要了，希望接下来的五年，我们再来一次赌约，看看谁能够赢。

2019年小米全年总收入突破2000亿，达到人民币2058亿，同比增长17.7%；净利润人民币115亿，同比增长34.8%。而格力电器2019年营业收入为1981.53亿元，同比增长0.02%；净利润246.97亿元，同比减少5.75%。

下一次谁赢谁输，其实并不重要，但我们分析一下，两家企业在第一次赌约的时候，小米的起点跟格力相比是有很大差距的，为什么在第一次五年赌约中，虽然输了，但差距并不是很大；在第二轮的五年赌约中，为什么已经略显优势了呢？其实很重要的一个原因就是线上的力量。

流量——在中国，是非常重要的一种力量。

任何企业领导者自己的思想当中，要形成对"线上"的高度重视。像董明珠这样卓越的企业家，为了更好地推动线上的业绩，自己开了董明珠自媒体，开了董明珠店，为格力的产品亲自代言。所有新产品都第一引发、第一示范、第一驱动，来推动格力的产品。她在全世界任何一个地方都是在以身引发、以身驱动。

> 被誉为"口红一哥"的李佳琦，能够在短短 5 分钟的时间，售卖 1.5 万支口红，连章子怡都在直播中留言，如何买。此事还迅速上了热搜，再一次拉动了口红的销量。一年 389 场直播和 6 个小时试 380 支口红，让李佳琦一年的时间能产生 30 亿元的销售额。
>
> 被称为"淘宝一姐"的薇娅，能在两小时内带货 2.67 亿元，一年的销售额能达 27 亿元之多。中国内地美食短视频创作者李子柒 2019 年个人收入 1.6 亿人民币，甚至超过了 2123 家公司的净利润。

列举这些数字，就是想告诉各位读者，所有的创业者或很多企业的领导者，在 5G 时代，在短视频快速发展的时代，一定要转换思维，运用线上融合的奇迹，创造新的业绩增长点。

在电商高速发展的时候，网店改变了很多人；在微信高速发展的时候，很多人通过微信创造了业绩增长点；到今天，我们又进入了一个全民直播的时代，又会成就一批企业，一批人。我们是不是其中被成就的一批？

在这个线上融合的时代：要么主动融合，要么被动融合，要么被淘汰出局。在这个时代里，如果领导者没有这个思维，可能会错失另外一次契机。

2. 发起团队线上融合思维的变革

这里问各位读者一个问题：你觉得小米，是一家传统型的企业，还是一个互联网企业？

说它是传统型企业，但它运用了互联网的思维模式和工具；说它是互联网企业，但它生产和销售的产品，不管是手机也好，家庭的智能设备也好，其实跟很多其他产品没有什么不同之处，都是传统型的产品。

传统的营销手法无非是如何做宣传、做推广、建渠道、如何激励业务团队。但雷军意识到面对强大的竞争对手，如果以传统的营销方法，他们根本没法抗衡。因此，小米一开始就采用互联网的方式来进行推广，借用当时的微博、社区，用口碑，创造了小米的奇迹。

不管我们是什么样的企业，做什么样的业务，完全可以使用线上融合变革的思维，来给企业带来新的增长和突破。这种增长的突破可以在两个方面进行加强：

第一，如何用线上融合的思维模式和工具？

第二，如何用线上融合的模式把整个消费场景、消费体验变得更好，形成良好的客户价值链接？

关于这两点，我给读者们分享一个案例，可能会给你们带来更大的触动。

不知道各位读者是否知道，目前在短视频方面粉丝最多的是哪一家企业？

不是华为，不是联想，也不是海尔，而是一家可能大家过去都没有听说过的企业——"尚品宅配"，这是一家强调依托高科技创新性迅速发展的家具企业。

这家企业有两个企业账号，有超过 800 万的粉丝；由它打造的三个网红的粉丝超过 3000 万；还有十几个矩阵的粉丝群超过 4000 万，所有粉丝量总合累计有上亿之多。2020 年 2 月 22 号，尚品宅配用了 5 个小时的时间进行直播，累计观看量超过 770 万，订单达到 13919 单，销售额超过 4 亿人民币。

各位读者想象一下，在中国有哪个行业、哪个企业，能够在短短 5 个小时产生这样的业绩，而且后续的复购和转介绍更是不可估量。所以，请每一个企业的核心团队认真思考：如何用线上融合的方式更好地推动新业绩的突破？

总有企业家和企业高管问我，说，姜老师，我现在企业转型也不是，不转型也不是。我说为什么？他说，因为"转"好像是"找死"，"不转"好像是"等死"。其实我要告诉各位读者，你不需要做什么转型，你只要把客户价值体验持续进行升级，做好两件事情即可：

第一，消费场景跟线上做融合；第二，交易方式跟线上做融合。

只要做好这两件事情，过去线下的事情，依然可以持续去做；同时用线上融合的方式，获得新的增长性突破。

3. 把粉丝团变成财富团

领导者的思维转变了，团队也有了线上融合思维的改变，线上融合推动企业增长的第三个关键就是：业务的线上融合的思维架构。

粉丝团 = 财富团

如何把这种粉丝经济，通过线上融合产生更好的结果，是业务线上融合的核心。任何困难阶段都只是一个时期的影响，商业的本质并没有改变，就是为客户创造价值，并要持续地为客户创造价值，甚至我们要成为客户的首选。从这个维度上来讲，我们最需要改变的是什么？消费的场景和交易的方式。

我原来出版过十多本书，每次都是我作为作者把书稿交给出版社，出版社出版之后交给他们的发行商，由发行商再到书店，从书店再到读者。因为互联网快速的发展，现在我依然可以作为作者，但我能把文字、音频、视频，直接传到网上，直接到达我的读者，我的听众和我的学员，本质上还是为我的用户做知识价值的输出。

它改变的是什么？是消费的场景、交易的方式和业务的方式。

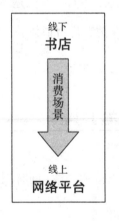  

消费场景的改变

过去出书，消费场景是什么？就是人在书店。交易方式是什么？在收银台现场交易。业务的拓展方式是促销员向他进行推荐。随着互联网快速发展之后，通过线上融合，消费场景发生变化，不是在书店而是在各个网络平台；交易模式不再是书店的柜台，变成了橱窗、专栏和网店；推广方式也发生了变化，由促销人员进行推荐，变成了用你的文章、视频等方式前期试看，或者主播直接带货的方式进行促销，或者线上分享的模式进行推广。

商业价值输出方面的本质没有发生改变，但是消费场景、交易模式和业务方式发生了改变。所以，我们要从获客方式、推广模式、交易方式等方面来重新进行思维架构和设计。

就像世华做了二十余年企业管理教育，过去主要是线下课程和线下交付，整个消费场景、交易场景、业务场景，除了过去常有的模式之外，现在也开始转换思维，线上产品、线上推广和线上交易方式都在发生变化。

在除了着力打造的"生态增长"的服务号提供持续的价值内容之外，作为营销媒介，我们以"姜岚昕""世华教育""昕管理研习社"这样的账号，在各个平台提供有价值的内容，透过各种场景让用户感受其中的价值；也在各大平台同步开通了专栏、橱窗、问答、微店等知识展示区；业务交付方面，在头条、抖音、爱奇艺、腾讯、喜马拉雅、网易云课堂、百度传课、荔枝、千聊、钉钉全网进行发售。

未来，我们除了线上课程的消费场景和交易方式的线上融合之外，不排除将线下一些课程的消费场景以及交付方式，按照这种线上方式的融合，以及使用部分线上替代的方式来进行完成。

有人可能说，姜老师，我做的这个行业比较特殊，不太适合线上的运作。我想告诉大家的是，所有线上的，只是把它当成一个工具，当成一个场景的转换，产业的本质和产业的价值，无须做出改变，只需要做出升级就可以了。

最后给大家总结五句话，只要转换起来，就会有很大的价值。

第一，粉丝就是客户。把粉丝转变成你的客源，也许这些粉丝没有直接购买，但他帮助你转发、扩散和分享的方式，也能助力你业绩增长。

第二，内容就是营销。不管是你的文字、视频、图片，还是音频，所有输送给粉丝的内容都要跟你的行业、产品、业务做到链接，这些内容就是一个很好的营销推广。

第三，场景就是植入。在跟客户做展示的时候或者在线上进行展现的时候，就是一种广告的植入。

第四，产品就是体验。可以给他一些体验品，让他来感受，体验好了之后就能够产生持续的链接。

第五，分销就是渠道。过去我们的渠道是线下店，或者某一个区域的代理，现在很多产品完全可以通过直播带货的方式，或者在各个互联网平台采用分销的机制，产生业绩推动。

这五句话一定要好好去体会，并且在企业中践行。相信大家进行实操后，必将让你的企业找到新的增长点。

作业实操

1. 如何让核心领导坚定地实施线上融合的战略？

_____

_____

2. 如何让核心团队有效地实施线上融合的变革？

_____

_____

_____

3. 如何转化消费的场景与交易的方式?

_____

_____

_____

4. 如何在业务上实施线上融合重构?

_____

_____

_____

第五章

构建可持续的
商业生态系统

商业生态系统是由组织和个人所组成的经济联合体，其成员包括核心企业、消费者、市场中介、供应商、风险承担者和竞争者等，共同构成了价值链，彼此形成共生关系。商业生态系统强调以系统、发展的观点认识企业与商业环境构成的整体，对指导企业如何在复杂多变的商业环境中采取适当的经营策略具有重要意义。

第一节　如何运用战略层架构商业新形态

在疫情的影响下，企业可以用新的思维方式构建一个新的商业生态来创建新的商业模式，获得新的长期增长。然而，重建商业模式的核心是准确的定位。要做到这一点必须理解战略的核心定义。商业模式可以重塑，但是商业的本质并没有改变。

1. 为什么很多企业干了多年还是泛泛之辈？

2020 年，各个企业都受到了不同程度的打击，对整个零售行业的影响也非常巨大。我们的华友企业"名创优品"在这方面也受到了很大的挑战。

在新冠疫情发生的第一时间，"名创优品"的创始人叶国富先生就专门向自己的团队和供应商发了《感召信》，一封标题是"以号角为行业破晓"，一封标题是"共克时艰的倡议"，受到了供应商、合作伙伴和团队成员积极的响应。他们很多的供应商愿意拿出 15% 的折扣支持名创优品，同时很多团队成员主动减薪 30%-50%，跟企业一起共度危机。这段时间，在叶总的带领下，企业积极地实施了一系列的措施。

过去，"名创优品"是采用门店的模式，来推动业绩的增长；疫情期间，他们通过小程序社群营销的模式，将"门店导流"转化为"线上导流"。过去用"好位置 + 好产品"的模式，现在变成了"好内容 + 好产品"的模式进行导流，形成业务的链接，产生业绩的销售。

2020 年 2 月，这一个月的时间，"名创优品"就在全网积累了 3000 万的粉丝，同时完成了两个亿的销售。

之所以产生这样好的结果，很重要的原因就是他们在困难之下，用新的思维方式构建新的商业生态，创建新的商业模式，获得新的增长。

每一个企业都将面临如何转化自己的商业模式，如何创造新兴的商业关系，如何创造新兴的商业链接获得新的增长点，同时把原有的商业模式进行升级。

那么，如何从战略层来架构新型的商业生态呢？

首先要做的就是垂直定位。

在这样一个信息泛滥的时代，看似有很多公域流量让我们获取，但要真正创造商业的链接，必须建立自己的私域流量。

私域流量的核心就是你能够垂直在某个方面、某个专项上，给客户带来独特的价值。

例如，上文分享的"名创优品"，之前用店铺的"好位置 + 好产品"，形成了门店的流量，创造了商业的价值；现在，用"好内容 + 好产品"获得业绩的增长。那所谓的"好内容"是什么？

就是你用什么样的内容吸引别人，能给别人带来什么样的价值。如果是做健康品的，就要给别人带来健康养生的内容；做化妆品的，要给别人带来美妆的知识……不管从事的行业是什么样的品类，都要通过文章、音频、视频等形式，用知识化、娱乐化、情感化的方式吸引对方，跟对方建立链接，再通过产品的方式形成商业交易。

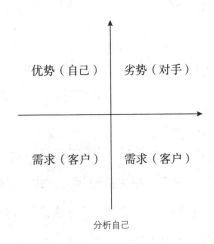

分析自己

你要清楚地知道自己的优势是什么？劣势是什么？客户的需求是什么？找到客户的刚性需求、核心需求，以及客户的第一需求、第二需求、第三需求，然后根据客户的需求，结合自己的优势，规避自己的劣势，找到一个空隙点，把这个空隙作为你的垂直型定位，做一个精准的价值输出，透过这样的方式进行商业的链接。

比如，高露洁牙膏主打美白，佳洁士牙膏是防止蛀牙，冷酸灵是防过敏；比如，戴尔是直销电脑；肯德基，做炸鸡做到极致；同仁堂是御药房用药；云南白药是国家保密配方；乐百氏水的 27 层过滤……你看到这些知名的品牌，所有能打出影响，打出价值链的，都有一个非常重要的核心。

有战就有略、有略必有战。

战：干什么；略：弃什么。

你不能什么功能都具备，什么价值都提供，什么类型都涉及。为什么很多企业干了多年，做了很多事情，但是在商业的价值链上，一直没有得到很好的升级，没有创造巨大的盈利效果，还是泛泛之辈？很简单，主要有两个原因：泛泛而为、胡作非为。

什么都做，什么都乱做，只要是这两种状况，你不仅是泛泛之辈，甚至你的企业会留下很多负面的堆积，在未来不仅很难创造市场，甚至会带来巨大的负面效应。

透过公域流量进入私域流量的链接，来创造新的商业生态，这是当下非常重要的一种方式。就像抖音、快手，用主播带货的方式，就像自己开招商会一样，通过粉丝的齐聚，直接产生业务的链接，这种方式是非常好的。

然而，我们也要知道，要想在抖音、快手里获取粉丝，获取流量，获取商业的价值，很重要一点也是要做垂直定位。简单来说，就是你的抖音号、快手号，你是做什么的就传递什么，就提供什么有价值的内容、资讯，然后透过这个形成一个链接。

也许你看的某个直播只是有人在那钓鱼，却有几千人在线！不要惊讶，也许这里面就有不同的商业链接，可能是卖鱼、卖鱼饵、卖鱼钩、卖鱼竿……这都能形成商业关系，产生商业价值。

你只做什么，才能链接什么；
你只做什么，才能留住什么。

现在的商业链接中，需要"好内容+好产品"，如果你的内容提供的是混乱的，没有精准定位，东一下西一下，不仅无法形成粉丝链接，而且也留不住粉丝。如果不能做垂直型，看上去链接很多，客户感觉心智混乱，最后无法"获取流量"，也无法"留住流量"，最终，就无法产生最好的商业价值。

2. 回到商业模式设计的原点

如何从战略层架构商业新生态的第二个关键是：价值输出。

不管市场怎样变化，业务模式和商业链接的形态会有一些变化，但商业的本质不会改变：**到底为哪类客户服务？为什么能给他提供价值？凭什么你能成为他的首选？**

这是任何时刻都不会改变的商业本质。如果我们不能为客户创造价值，所有战略层的架构，商业模式的设计就等于背离了原点。

前面给读者们分享的如何线上替代，如何线上融合，如何改变消费场景，如何转换业务模式，如何形成新的商业链条，持续地获得新的增长点，每一个内容其实都是围绕着商业的本质——通过为客户提供的核心价值、附加价值、偏好价值、深度价值，让客户买到超值，买到惊喜，买到感动。只有这样，才能让客户愿意持续买下去。

3. 内容就是最好的营销

粉丝就是客户，内容就是营销。我们能够吸引更多粉丝，而这些粉丝就是我们的准客户。

把粉丝变现的最好方式——内容就是营销。

不是直接用广告的方式，而是把你想广告的产品通过内容进行链接。比如你做的是保健产品，那就不能直接推一个保健品能给粉丝解决什么问题，带来什么价值，怎么优惠，让他怎么下单，而是多给粉丝提供一些如何健身，如何保健的信息。通过这样的资讯、文章、视频，不断地维护粉丝，吸引粉丝。在内容提供的过程中，粉丝在不断地获取这些内容传递的价值，慢慢地就会自动接收了你的思想理念、产品的功能和价值。通过信赖感的建立，粉丝的见证，最后自然而然地形成购买的行为。

为什么很多企业没有获得很好的粉丝响应？因为他们做的不是内容营销，而是广告营销。举个小例子，我们在看朋友圈的时候，有些人的朋友圈你为什么不愿意看？很重要的因素就是满篇的广告。为什么在一个群中，有人发信息你都不愿意去看，因为他是直接发广告。直接投放广告，人们就会抗拒、会排斥，也就不能把流量转变成为商业的链接和价值。但如果有人在发朋友圈时，或者在群里发内容时，发的都是给对你带来知识，带来好的资讯，带来某种思想的影响，你可能就会看其发布的内容。这些内容 90% 的内容都是给你带来价值的东西，只有 10% 植入了广告。这样的内容，你反倒没有抗拒，而且会有兴趣，甚至可以成为他的粉丝。

所以，我们一定要做有价值的输出，不光是产品有价值，在战略层架构上，不管通过企业的自媒体、朋友圈、微信、抖音、快手、小程序，所有发布的内容，一定是跟你的产业、企业、产品、业务有关联的，但关联的前提是：提供的内容是有价值的。

只有不断透过价值传递、价值展现、价值链接，最后自然而然形成业务上的链接，最终获得业务上的创收。

作业实操

1. 如何运用创新思维拥抱商业新生态？

_____

_____

_____

2. 如何做好企业的垂直型定位？

_____

_____

_____

3. 如何杜绝泛泛而为、胡作非为？

_____

_____

_____

4. 如何强化全员价值输出的认知？

_____

_____

_____

5. 如何真正做到内容营销驱动？

_____

_____

_____

第二节　如何构建良性增长的生态平台

在今天的竞争环境下，构建一个大的生态平台型企业，需要有良性增长作为基础。良性增长是从战略层架构新的商业生态，这需要企业根据不同的消费场景和业务链接的方式重新进行模式的再造、设计，而绝不是在原有的体系上简单的修修补补。

1. 模式再造不是简单的修修补补

通过前面的章节，我们知道了运用垂直定位，能够获得精准的粉丝，打造自己的精准流量，同时通过价值输出能够跟客户形成长效的链接，形成持续的商业价值输出，最后达成商业的合作。

因此，如何从战略层来架构新型的商业生态？除了做好垂直型的定位，以及价值输出，第三个关键是模式再造，才能构建一个良性增长的生态平台。如果没有新的模式再造，就没有新的增长点。这里我分享一下我自己的切身感受。

在抖音流行起来之后，我的助手就把我现场讲课的内容，做了剪辑，放在"姜岚昕"抖音号上。虽然也产生了一些粉丝、流量和业务链接，但依然没有达到我

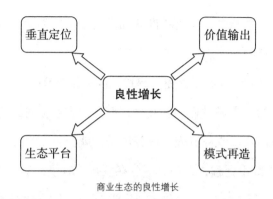

商业生态的良性增长

理想的境地。我拍摄《增长新引擎》视频课程的时候，有一个最大的感悟：

根据不同的消费场景和业务链接的方式，重新进行模式再造和设计。

比如要做一期《增长新引擎》二十分钟的视频内容，从"开场的吸引力、内容的说服力、结尾的感召力"都要进行设计，包括整个举例，数据结果对比，内容里的图片，视频、作业的安排等应用场景都要设计。拍摄完之后，我就想是不是可以把《增长新引擎》一部分内容拿出来，剪辑一分钟放在抖音上，那肯定也比直接剪辑现场课程要好很多。

后来我发现也不行，因为一分钟的抖音内容与二十分钟的视频内容设计是不一样的。一分钟的抖音，一开场就要进入高潮，就要能制造吸引力，一开场就要能抓住人的焦点。没有时间过渡，没有时间铺垫。如果你有了过渡的时间，铺垫的时间，别人就滑过去了，就不会看你的抖音了。

一分钟的短视频，开场即是高潮，才能抓住人的焦点。

可见，该走的路，一步都不能省。要想获取新的增长点，取得新的突破，很多工作要重来一遍，重新进行模式的设计和模式架构体系的建设。只有这样，才可能有新的突破和新的增长。

录播课程是这样，那直播课程呢？哪怕是同一批听众，应用场景发生了变化，就得重新准备。因为，直播过程中有互动、有交流、有问答，有人送礼物，有人下订单，整个业务模式、业务流程、业务体系，就要重新设计。

《增长新引擎》线上课程，大部分平台在发行的时候，基本都是视频，但是有一些地方是专门的音频，比如喜马拉雅。原来我们想到的方式是把视频内容直接转成音频就可以了，现在只要是音频类的平台，我就要重新用音频的方式再录一遍。为什么要这样做？因为消费的场景发生了变化，所有的模式要重新再打造一遍。

看视频和听音频不一样。在视频课程中，我在演讲的时候，可以配图片、配视频，强化演讲的内容。虽然我讲的时候只对着摄像机，但是我的内心世界，要感受到观众的存在——我的眼睛在注视着你，我的心在感受你的心。而当我在录音频的时候，我要如何感受到你的场景呢？听音频的时候，你可能在家、可能在办公室、可能在开车的途中，所以我在讲的时候，我要感受到的是你在听的场景，同时我要感受你听的那一刻的心境。在这个过程中，我要保证我的音质，保证音乐的力量。

当消费场景发生变化时，产品的研发模式、业务模式、交付模式、价值体现模式等，都要同步再造升级。

如果每一个人在当下这个时代，想与你的客户和粉丝形成链接，你一定要去感受他、体会他，你的内心去跟他相融在一起，设身处地地感受它的场景的需求和变化。围绕这个需求和变化，将你的整个产品的生产模式、交付模式、营销模式、服务模式，以及支付模式形成一个很好的设计。这样的话，我相信会产生更多业绩的增长。

2. 1+1+1……的叠加

如何从战略层来架构新型的商业生态的第四个关键是"生态平台"。

很多企业都想成为一个具有生态化的平台性的企业，但如何做呢？首先，从垂直型的某个单品持续地加强，把它做到极致后，慢慢成为一个垂直型的品类，再在全世界品类中成为第一，形成生态圈，这就是一个强大的生态平台。这个平台拥有持续的价值链接，有可持续的盈利增长点。

说直白点，就是要有战略。我从事了超过二十年的企业管理教育，讲过上百场《顶层战略架构》的课程，其中讲到战略的精髓是什么？其实就两句话：一是有战有略，二是有先有后。

有战有略，既然要战，就要有舍弃。只有有舍弃，才能去战。
做什么，才能实现未来；不做什么，才不干扰未来。

只有战略清晰，你的资源才能聚焦，创造更大的价值。也许你有很大的商业规划，几个事情都想做，但一定要注意战略选择，区分先后顺序。这样，才能保证你能真正把自己的生态价值链打造成功，最后拥有更大的商业回报。

那么，如何从垂直型的某一个产品上突破，再变成一个生态化的平台？

新东方最早只做托福，做到全国第一。当所有的用户都聚合在新东方的时候，新东方就开始推出 GRE。把 GRE 做火了之后，做到中国第一，又推出 GMAT。GMAT 做到顶尖级的影响之后，新东方已经形成了强大的壁垒，对手无法抗衡。这时，俞敏洪再把徐小平、王强从美国请回来，推出英语培训、出国咨询、移民服务。当这些做出影响后，新东方又推出了在线教育。

　　现在新东方在线也在香港上市了，其市值达到了 312.55 亿港元，而新东方的市值更是高达 1400 亿人民币。

　　新东方能创造这样的成果，很重要的关键，就是把一个产品做到极致，再把一个品项做到极致，最后不断地去扩大品类，聚合用户。当把所有的用户资源打通后，就形成了一个强大的业务链和价值链。所以，一个平台一定是从 "1" 开始的。

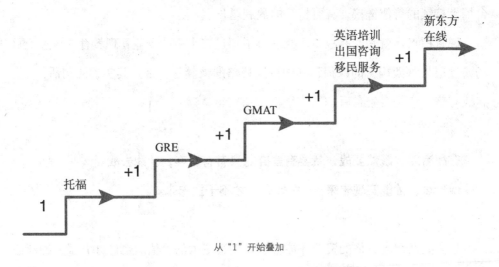

从 "1" 开始叠加

　　你可以有生态平台系统的构架思维，同时采用反推的方式，从 1 起步，继而 "1+1+1……" 这样叠加，形成一个生态业务链和价值链，最终构建一个大的生态平台型企业，就能创造更高的业绩增长。

　　世华从事了二十年的企业家管理教育，聚焦《总裁执行风暴》这个单品，历时十七年，开设了二百五十余期，有超过十万的企业家和企业的高管参训，透过一起学习、成长，给他们的企业带来巨大的价值，成为同品第一。

　　透过同品第一，世华升级了华夏商学院。在华夏商学院中，从"修身、齐家、治企、爱天下"这四个维度，与很多老师进行合作，给企业家持续地提供价值。

我们在与老师进行合作的时候，往往选择那些在某一个细分品类的课程中，想要成为第一，并且有潜力成为第一的进行合作，形成企业的链接，构建一个线下教育生态平台。

　　同时，我们也在全力推动在线管理教育。《增长新引擎》这个单品，我们的目标就是要做到同类在线产品的第一，全网进行发售。当这个单品做好后，再延伸《昕管理研习社》这个品类，带着有心、有愿、有力的朋友们进行研习，把所有的内容不仅是听到、学到，而是变成企业的增长系统。

最后，总结一下"如何从战略层来构建商业新生态"，我们主要从四个维度加强：

（1）垂直定位

　　只有垂直型的定位，才能打造自己的私域流量，才能真正形成精准的商业链接，创造商业价值，形成商业的绩效。

（2）价值输出

　　不管时代如何变化，社会如何发展，企业不变的宗旨是：为客户创造价值，并且持续地为客户创造价值。当客户真正获得了极强的价值体验，他觉得买的超值、买到了惊喜、买到了感动，甚至觉得买了之后，给的钱少了，心有不安，才可能真正产生持久的商业关系和商业合作。

（3）模式再造

　　当消费场景发生变化时，我们的标准、流程和模式都应该做相应的升级，该走的路一步都不能省。只有这样，才能更好地以客户为中心，给他带来最好的价值体验，才能形成一个更好的链接，创造新的增长点。

（4）生态平台

从垂直型的爆品到垂直型的品类，能够有战、有略，能够有先、有后，最终构建一个超强的商业生态平台，持续地创造价值，形成关联方的彼此驱动和可持续的商业模式，为企业创造持久的盈利。

作业实操

1. 如何进行商业模式的再造？

_____

_____

_____

2. 如何设计再造的标准和流程？

_____

_____

_____

3. 如何高度聚焦单品类突破？

_____

_____

_____

4. 如何构建可持续增长的新商业生态平台？

_____

_____

_____

第三节　如何从组织层架构商业新生态

今天的组织层构建已经出现了多元化并进的势头，例如以小米为代表的扁平化架构，这种组织减去了成本巨大的中层，取而代之的是信息化带来的效能优化。还有以海底捞为代表的倒三角型，这种组织决定了一线人员可以最大程度贴近市场，决策也最符合市场，所有决策能够快速响应客户需求、获取客户信息、满足客户需要。

1. 二流战略配置一流组织会有什么结果？

组织强大的战斗力如何得到？

一流的战略加上二流的组织，结果往往差强人意。二流的战略加上一流的组织，有时候却可以出奇制胜，因为优秀的组织往往可以修正很多战略先天的不足。总结起来，就是这样的公式：

战略 x 组织能力 = 企业的成功

一流战略 x 二流组织 = 二流结果

二流战略 x 一流组织 = 一流结果

按照整个企业组织架构的设计，不同企业会有不同组织架构设计。大多数企业组织架构基本上是职能型组织架构。例如：企业老总、副总，副总中有分管研发、生产、营销、客服、人力、财务、品牌、总裁办等类似职能部门的组织架构。

除了职能型组织架构外，还有事业部组织架构，如以产品为主导型，以客户分类为主导型，以市场区域为主导型，根据企业不同项目用矩阵设立组织架构。这些组织架构当中，会有共享部门去驱动整个组织发展。

当然，这里的重点不是如何设计组织架构，而是用什么样的组织架构形态去适应当前形势发展，对企业产生最好价值。第一个关键就是：**扁平化**。

组织层架构扁平化，最有代表的企业就是小米。当年小米创业时候，为了提高效率、减少沟通成本，能够更好去进行协助，雷军采用了三级扁平化组织架构：一级是创始人，二级是联合创始人，三级是工程师或者其他工作人员。

这三级组织架构，从当初小米创业时的十几个人，发展到如今上万人，收入过百亿时，依旧在使用。为什么用这样一个扁平化的三级管理架构来推动企业发展，最主要起到三个价值和作用。

（1）少中层

因为中层连接上下级，也是整个平级沟通的一个重要枢纽。一旦中层变多，上下链接成本就会变大，中间协作沟通成本也会变大。

（2）影响力

用非权力的影响力影响整个组织，用文化力量，用整个企业中自驱动的力量来促进组织快速发展。

（3）信息化

用信息化来管理。如果你的企业有很好 CRM 系统，能够把客户端与自己团队这一端形成一体化，就是一个很好的管理体系。同时你也可以采用钉钉、飞书等各种办公管理软件，让工作变得更加高效。

即使现在小米已经成为世界 500 强企业，全球有几万名员工，他们的组织形态虽然已经不是严格的三级管理制了，但依旧保持着扁平化的组织形态。

同样，在稻盛和夫进入日航企业的时候，面临日航每天的亏损，他采用了一个很有效方式：把一个庞大的组织机构分成了一个一个的经营单元，每一个经营单元大概是 8-12 人，让整个组织变得高效快速，也形成了一个很好驱动。

在竞争如此激烈的时代，在线上线下融合的时代，所有组织结构都应该要快速响应客户需求，快速形成内部协助。

如果你是一个学习型企业、创业型企业，更应该在组织形态设计上趋于扁平化，把中层这一块适当减少。一个企业，上有决策层，中有管理者，下有操作层，而决定组织协同和效率高低的核心是中间枢纽。

中间层级越多，管理越烦琐。

中层管理越多，就表示整个组织的传递过程和效率都会受到影响，整个团队的协作沟通成本就会变多。因此，如果要用组织架构来更好地去发展商业新生态的话，第一个关键就是扁平化。

2. 让听得见炮声的人指挥战斗

用组织架构发展商业新生态的第二个关键是：**倒三角**。

一般来说，大多数企业都是正三角的组织形态：高层、中层和基层。高层在最上面，中间是中层管理者，下面是基层的一线工作人员。

正三角组织形态

而"倒三角"的组织形态正好相反，把一线工作人员放到最上面，中间层放中间，把最高层管理者放在最下面来进行决策。

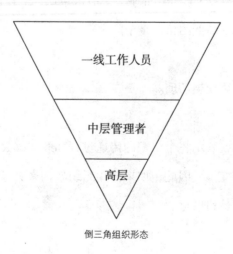

倒三角组织形态

　　这是一个什么思路？任正非曾说，"让听得见炮声的人能够指挥战斗"。也就是说一线工作人员是最贴近市场的，他的决策也是最符合市场。刘强东在"512"地震时说："不管是这一次，还是以后灾情发生时，只要老百姓需要，京东有多少存货，不需要逐级上报，也不需要经过他批准，仓库有多少就发多少。"在2020年武汉新冠疫情爆发时，依然是京东的基层仓管人员有这样的权利，根据库存去发放爱心物资。

　　当你能让一线人员快速响应客户需求，快速获取客户信息，快速满足客户需要的时候，客户满意度以及体验感一定会更好。所以，"正三角"是透过基层获取信息，获取客户需求，再逐层上报，由高层进行决策，这个反应就会比较慢，客户体验感就会比较差。

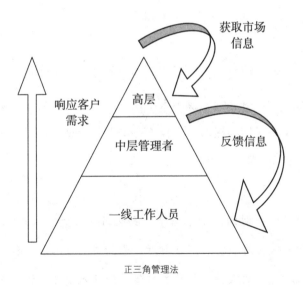

正三角管理法

　　而"倒三角"方式是什么呢？一线人员在最上面的架构中，最早获取客户信息，同时根据客户需求迅速响应。中层和高层决策者要做的事情是什么？对一线工作人员进行指引、支持、督导，让客户需求迅速响应，使客户得到最大化满足。这样，客户价值体验和客户口碑就会越来越好，对整个组织形态以客户价值为导向，对整个业绩增长会产生非常好的驱动。

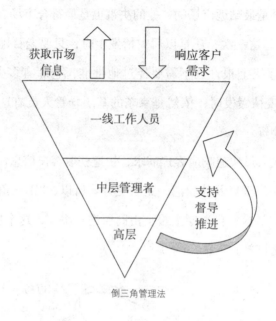

倒三角管理法

　　运用"倒三角"管理法做得特别好的一家企业就是海底捞。相信每个去过海底捞的读者朋友都有切身感受。我本人不仅看过《海底捞你学不会》这本书，还经常在微博上看到海底捞的热搜。为什么一家餐饮企业能够经常上热搜？作为一个企业管理者，我应该前去研究一下。

　　我选择了一个时间，带着母亲、岳父母、太太、两个儿子，还有助理、司机，我们一起去海底捞。到了前厅，看到那么多人在等待，以及海底捞为等待的客人所进行的服务，都让我吃惊。为客人美甲、擦皮鞋、按摩，带小孩的客人有游乐区，坐下聊天等待有免费小吃，等等各类非餐饮服务，都让客户感受到了超越产品及业务以外的体验和惊喜。

　　点菜的时候，我太太说，先点两小份蒸蛋给两个儿子吃，那时儿子刚刚三岁。服务员说："姐，你放心，已经点好了。"我太太就问："小份蒸蛋多少钱，上面没有显示价格。"服务员说："姐，我们看有两个宝宝，这是送给两个宝宝的，不收钱。"当时听了，我们心里特别温暖，也特别感谢。

用餐时，我们点了一个西瓜，吃了一半。当我们要结账离开时，助理说："姑娘，把西瓜给我们带上。"服务员送我们下电梯时，我看到她拎的不是半个西瓜，而是一个完整的西瓜。我当时就问："姑娘，我们是半个西瓜，怎么你拿了一个完整的西瓜？"她说："哥，既然喜欢吃我们家西瓜，如果把那半个西瓜拿在路上坏了，你们吃了会影响身体，我就从冰箱拿了一个新西瓜。"

我当时内心不仅充满了感激和温暖，同时我还觉得给他们的钱付少了。我想有机会未来一定要好好回报他们。

我想跟各位读者分享的是，虽然我去海底捞用餐机会很少，但是每次讲课时，我经常列举这个案例，等于就成了海底捞的超级传播人。有一次讲完课后，他们说，姜老师，附近有海底捞，我们要不要去用餐？我说，就为了给孩子送的两份蒸蛋，为了那送的半个西瓜，我们也要去。

我相信给我儿子送的这两份蒸蛋，给我们多送的这半个西瓜，海底捞的服务员一定没有请示中层，也没有请示高层。当一线工作人员能够直面客户时，他迅速发现客户需求，迅速作出响应，才能给客户带来惊喜、感动，才可能产生良好的口碑，创造良好的价值。

所以，你的企业，是否能够让一线人员很好地响应客户需求，并且根据客户需求给他带来良好的体验？如果能做到这一点，我相信一定会产生顾客复购、转介绍和良好口碑，对业绩也是一个最有效的驱动方式。

3. 组织基因混改非常重要

用组织架构发展商业新生态的第三个关键是：**基因混改**。

每个人和每个组织都有它的基因存在，基因往往决定组织的发展方向、发展动向、发展后劲和驱动能力。就像苍蝇一样，它只能飞 10 米高，再飞就飞不高了，因为这是它的基因决定的；燕子可以飞几百米高，而老鹰却能飞跃万米高空，这都是由它们的基因决定的。

也就是说，我们要真正变成一个新的商业生态平台，具有高效的组织协作能力，就需要对团队基因进行改造。往往团队的基因是由企业创始人和核心高管决定的。

2020 年新冠疫情期间，我做了一个直播课程《胜利之师——如何构建敢打能胜的高绩效战队》。基本所有军事上的胜利之师、军事长官、整个核心军事指挥者，他们的基因最有独特性，直接决定了组织、决定了战队的胜利。

电视剧《亮剑》中，李云龙所带领的独立团，整个战队都具有李云龙那种"面对强大对手，敢于亮剑"的精神。哪怕明知不敌，即使倒在剑下，也虽败犹荣。最让我难忘和感动的一个情节是：骑兵连当中的孙德胜，在面对日本军队的轮番进攻，能够战斗到最后一刻，哪怕一只手没有了，单手单剑还在高喊"骑兵连进攻"！最后连日本军官和军队也对他表示无比敬仰。这个镜头，我相信所有人都难以忘怀，并且触动很深。

因此，组织的基因混改非常重要。关于适应"新商业生态组织混改"的内容，我给读者朋友讲两个榜样人物，一位是柳传志先生，他现在已经退休了。几年前，当移动互联网快速崛起时，他请了很多年轻人、网红，和他们一起用餐、聚会，向他们请教如何开展联想的移动互联网，联想在移动互联网时代如何能够迎头赶上。

另外一位企业家，就是在中国企业发展进程中领袖级的人物——海尔的张瑞敏先生。一直以来，张瑞敏从来没有停止过海尔对整个互联网化进程的参与。针对整个团队基因的混改，他专门跟团队讲一句话：

没有成功的企业，只有时代的企业！谁跟不上这个时代，就要被时代所淘汰。

不同于上文小米从创立之初就采用扁平化组织结构，海尔成立之初就是传统的"金字塔形"的等级制管理模式。但随着移动互联网的发展，张瑞敏开始对团队基因进行改造，转向扁平式管理。

在张瑞敏进行组织基因变革前，海尔的内部架构是 M 型组织即事业部制组织结构，公司下面设立事业本部，事业本部下面再设立事业部，不同的事业部之间主要都是以产品线为标准进行划分。比如电冰箱产品本部下面有冰箱事业部、空调产品本部有空调事业部等。

海尔组织基因变革主要做的是公司组织的网络化，即由一个传统层级式的封闭组织转向互联网下开放式的平台组织——"去掉"一万多名中间层，能够真正地扁平化，让整个组织形成一个自我驱动，自我链接的模式。

按照张瑞敏的说法，变革后的海尔"消灭"了层级，变成了只有平台主、小微主和创客三类主体的组织，且这三类主体都围绕用户转。

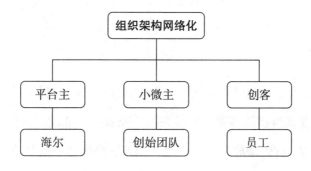

在这个架构中，平台主并非管理者，而是指海尔公司，主要扮演的是一个服务者的角色，通过这个服务平台孵化、支持、帮助创业团队；小微主简单说就是创业团队，可以理解为海尔集团下小型的创业公司；创客就是由海尔原来的普通员工转变过来的，张瑞敏要求所有普通员工都应该成为创业者，即员工的创客化。

这三者之间也不存在传统模式上的管理与被管理的关系，而是彼此"创业范围不同的关系"。比如，小微主并不是由集团直接任命，而是由创客选举产生，且被选出的小微主做得不好一样可以再通过选举让其"下台"。

张瑞敏认为，员工为用户创造价值的过程中，同时可以完成自我价值的实现。而新组织架构消解了传统的等级式管理模式，新的扁平化模式需要最大化地解放公司和员工的生产力，也就是开放之后要创造新的驱动模式。

因此，张瑞敏组织基因变革的另一个核心是："三自循环组织体系"，即自创业、自组织和自驱动，主要目的就是形成一种新的生产方式。

三自循环组织体系

其核心思想是让员工"创业化"，让海尔团队形成"创客体"，让每个人带着创业者的心态发展自己的事业，从过去的"经营者"变成"拥有者"。这里面解决了两个核心点：首先是放权，将决策、用人、分配"三权"给到员工；其次是创新激励机制，张瑞敏称之为"创客所有制"，完全抛弃传统的薪酬模式，其新模式的薪源构成主要有两大块，一是用户付薪，即跟所创造的用户价值相对应，二是股份，即公司对创客的跟投，也跟创客自身价值相对应，股份不同于传统的"永久获得"式，而是跟业绩挂钩的动态形式。

（1）放权

将决策、用人、分配"三权"给到员工，因此即使是小微主、创客，都有权利做决策、用人和资源分配。海尔只是给你提供创业平台和发展平台，提供品牌、资源、产品，甚至有需要的话，你自己也可以投资，海尔也可以投资，形成一个创客化组织；

（2）激励

这个循环体系完全抛弃了传统的薪酬模式，其新模式的薪源构成主要有两大块：一是用户付薪，即跟所创造的用户价值相对应；二是股份，即公司对创客的跟投，也跟创客自身价值相对应，股份不同于传统的"永久获得"式，而是跟业绩挂钩的动态形式。

4."四去两组"的组织效能

用组织架构发展商业新生态的第四个关键是：**系统化**。

过去几年，很多企业都在谈转型，转型特别成功的一个企业就是红领集团。红领集团创始人董事长张代理，不仅是我多年的好朋友，也是全球社会企业家联盟主席团成员。

"红领"本来是生产经营高档西服、裤子、衬衣、休闲服及服饰系列产品为主的传统企业，但是他颠覆了传统的大规模生产模式，也颠覆了自己的组织管理模式。它所做的最大改变是什么？

过去"红领"是"做了再卖"，现在是"卖了再做"；过去是"大规模制造"，现在是"大规模定制"；过去是"典型金字塔管理结构"，现在是"组织自驱动的系统"。

在改革中，张代理提出了一个非常重要的"源点论"。"源点论"就是一切以用户为中心，一切基于消费者需求出发。按照他的观点，消费者需求就是源点，企业所有的动作都应该围绕消费者需求进行。

而为了做到这点，企业的组织架构与管理需要与之匹配。所以，红领的客服中心成为整个组织管理的中心，所有的客户需求统一汇集到客服中心，由客服中心点对点的进行指令的传达，整个公司协同管理满足外部客户的需求。

我曾经带领华夏商学院社会企业家同修们参访红领集团，张代理先生做了亲切的接待陪访，并在一起深度访谈。同时，他也给企业家朋友做了演讲和对话。我发现他的成功有个非常重要的核心：张代理认为最合理的方式是所有事情都靠流程、靠体系、靠系统，人在其中只是作为辅助作用。所以其源点论组织体系针对企业的组织变革来说，核心就是"四去两组"。

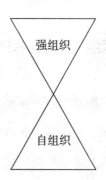

四去两组

（1）四去

即"去领导、去部门、去科层、去审批"，形成一个自驱动流程，成为强组织和自组织的平台化组织，最终形成"全员对应目标，目标对应全员、高效协同"的管理模式。

（2）两组

即"强组织、自组织"。

强组织，就是建标准，定规则，为此红领专门建立了一个流程管控中心，不断形成新流程和优化固有流程，即保证流程的修正和迭代。

自组织负责执行解决问题。比如流程上的节点由一个个的员工所组成，客户需求直接对接各个节点上的员工，员工通过系统去解决各种问题，不需要审批。大量的中间管理层被取消，管理者也不再是承担组织生产、分配资源这类的传统职能，更多是承担服务和支持性的责任。员工驱动也由过去内部的 KPI 考核制变成外部驱动。

通过这样的"四去两组"，不仅创造了整个红领的高效的增长，而且整个组织形成了自驱动、自链接、自循环。

也许不是每一个企业都能做到像红领一样"四去两组"，但是可以借鉴其中一部分，使用其中一部分，也能让组织高效协同创造收益。

5. 跟组织形态形成匹配的方方面面

用组织架构发展商业新生态的第五个关键是：**匹配性**。

谈到匹配性，让我想到了 2018 年，在上海与《平衡计分卡》作者卡普兰先生一起交流时，他谈到，《平衡计分卡》在世界各个企业组织中使用非常广泛，也产生了非常巨大的效果；不管是财务层、客户层，还是流程层、成长层，这里面很重要的一个关键就是匹配性和趋同性。

也就是说，当我们要构建一个新的商业生态时，如果要线上线下融合一体，必须从内部资源聚焦和外部资源整合，都能去匹配整个组织形态，才能形成组织强大功能，并且创造超强组织绩效。

比如，在内部资源中，根据组织设计，我们在人才选择上、内部资源配置上、资金投入上，都要跟整个组织形态形成一个很好的匹配；同时在供应商、渠道商选择上、客户选择，以及整个价值链条和价值合作方面，都要能够对整个组织形态和组织方向，形成一体化的匹配。

现在，世华除了做线下企业管理教育，也做线上企业管理教育。这样一来，我们过去的组织部门、组织架构就要重新设计。尤其是在线上，从整个组织架构中，在内容、运营、技术、市场等方面要能达到高效匹配，形成有效一体化协同。只有这样，才能够高效协助驱动。

就好比世华正在推进的《昕管理研习社》这个品类，根据产品类型，我们的组织形态也要进行新的内部组织架构设计。因为《昕管理研习社》不仅有线上，还有线下，我们如何将客户价值体验做到最好，如何以客户为中心链接形成最好的驱动，都需要进行架构和设计，而设计的导向就是"以客户为中心，以客户价值为导向"，所有"内部资源盘整聚焦，外部资源整合倾斜"，都是为了更好地去完成整个组织架构实施。只有不偏离导向，整个组织形态的价值才能更好显现。

综上所述，如果每一家企业在组织形态设计中，从扁平化，倒三角，基因混改，系统化这几个方面，把匹配性做得更加一体化，我相信组织形态一定更符合现在这个时代，能成为行业的引领者，成为某一个品类当中的领先者。

作业实操

1. 如何让组织形态更趋于扁平化？

_____

_____

2. 如何运用倒三角组织更好地增效？

_____

_____

3. 如何才能更好地组织基因混合？

_____

_____

4. 如何形成体系化的自动运营组织？

_____

_____

5. 如何内外部资源匹配让组织更给力？

_____

_____

第四节　如何从业务层架构商业新生态

2020年，有一些企业采用隔空投放、机器替代的方式来创造客户的链接和业务的推进，度过艰难时期。例如，永辉超市用无接触的配送方式，在2月1日，一天时间就产生了20多万的订单，创收2000万以上的业绩；苏宁电器采用线上流程化的订单，加上到店取货的方式，业绩增长了6~8倍。

当然受疫情影响，也有很多企业难以承受巨大的压力，宣布破产。2020年第一季度，我国有超过46万家企业倒闭；2020年一季度我国的GDP为20万亿人民币，同比下降6.8%。这背后，不知是多少企业的哀嚎。怎么办？

困难之下，有的企业运用一些方式，获得了新的增长点；也有一些企业，由于巨大的压力，实在难以承担。要想突破困难，未来还能常态化增长，第一个非常重要的关键就是：一般业务化的推进。

这种业务往往表现为线上线下相融一体，可以分为：前端设计和后端设计。

在业务层面推进实施时，这个新商业模式中的前端设计可以从以下内容着手。

1. 将用户变成自己的私域流量

如何让更多的用户与你形成链接？就是形成一个巨大的私域流量，能够实现商业合作。大家都知道粉丝经济，包括我在前面也提到过"粉丝就是财富"。那如何获取粉丝？如何吸引粉丝？

有一件让我印象深刻的事情。有一次，我和助理在杭州坐高铁，助理拿着一瓶饮料跟我说："姜老师，你猜猜这一瓶饮料多少钱？"我从10块钱猜到1块钱，他都摇头，最后我都不敢猜了，就说："你就不要卖关子，告诉我多少钱。"他说："姜老师，只要一分钱。"

听完，我很惊讶，怎么才一分钱。助理告诉我说："因为他们需要粉丝，需要流量；要的是下载量，下载后获得用户。虽然支付只有一分钱，但是形成了支付的记录。他要的不是这个用户和这次的一分钱，要的是这个用户的数据，是未来终身链接的价值，以及用户所可能产生的后续价值。"

在这个流量时代，不管是企业的公众号也好，抖音号也好，还是其他自媒体，完全可以在用户关注、下载、转发、群发、分享后，都可以给用户一定的积分，以此获取用户的进入。随着用户量的增多，数据库所带来的不仅有直接价值，还有间接价值、有形价值和无形价值，包括对企业的估值，以及企业后期的业绩增长和整个商业生态的变化及升级，都会起到一个驱动作用。

就像世华现在重点打造的《生态增长》服务号，只要有用户关注、转发、分享，后台都会奖励一定积分，相应的积分可以换取相应的课程，给用户带来持续的学习和价值。同时我们正在构建的积分商城，不仅可以兑换课程，还可以兑换用户特别刚需而且有价值的产品。

这些方式都是基于在前端设计的时候，建立的一个庞大的、精准的用户数据。只有有一定的用户量，才能将用户变成企业的私域流量，对后面的价值链接产生重要驱动。

2. 更简单的聚合粉丝的方法

前端业务设计的第二个方式是：用低价、免费、倒贴来聚合粉丝。

讲到这里的时候，想起世华有一个做婚纱摄影的学员，他问我如何在互联网时代集聚粉丝。我告诉他，你可以跟电影院进行合作，只要是来看电影的，都可以免费帮他们拍照，特别是年轻的情侣，他们在看电影时，更愿意留下一个美好的瞬间。对于电影院来说，给他们增加了一个附加价值；对你来讲，只要观众扫码就能免费帮他们拍照片。

之后，他用了一年多的时间，聚合了将近200万的粉丝。每天都为粉丝推送一些摄影知识和摄影技术，以及美照分享，又带来了很多的用户。这就比他原来的店铺推广方式简单、便捷和有效。

我还有一个朋友是做杂志的。随着互联网的发展，纸媒受新媒体的冲击非常大。朋友问我如何进行转型？我说，转型最简单的方式，就是变成自媒体，因为你的自媒体比其他自媒体更具公信力和信赖感，同时你还有专业的团队、专业的资源。他又问如何集聚粉丝？我说，你可以跟各个商场、卖场等人群聚集的地方合作，联合做促销和活动，在这些场地送杂志，同时又能帮这些地方吸引客源，服务客户。送杂志的过程中，用户扫码就可以了。这样也为他集聚了很多的粉丝。

每个企业，相信都会有客户需要的价值的地方。通过一些方式降低成本，吸引集聚粉丝，再通过文章、音频、视频等娱乐化的内容分享，我相信这样持续的维护，慢慢地这些粉丝都会转化成为实际的业务伙伴。

3月10日是我43岁的生日。那天，我在抖音上与粉丝直播我的生日会，推出了一些答谢粉丝的活动。

当天关注"姜岚昕"抖音号，就送一节《如何实施全员战役》的在线课程。

每过十分钟，在评论区交流互动，进行截屏。截屏到的粉丝，将送一本我亲笔签名的书《社会企业家精神》作为纪念。

每半小时，对整个打赏的榜单前几名的粉丝，回馈线下《生态增长之道》的课程，以及线上《增长新引擎》的课程。

通过这些答谢方式，不仅仅答谢了支持我的人，同时也吸引了新粉丝，进入了我的私域流量——《生态增长》的系列课程中，形成一个很好的链接。

如果大家能用一些低价、免费、倒贴的方式聚合粉丝，并持续地维护，后续的价值是非常巨大的。

滴滴，就是典型采用"倒贴"的方式，聚合了大量的用户，形成了商业的链接。原来滴滴对司机有各种补贴，对乘客发放各种红包。现在乘客"倒贴"基本没有了，所有产生的营收滴滴拿20%，司机拿80%。这种"倒贴"的方式给滴滴带来的价值和未来所呈现的价值是非常巨大，而且有无限的空间。2019年10月，"胡润百富榜"针对所有独角兽企业做了估值的排名，排名第一是"蚂蚁金服"，第二是"字节跳动"，第三就是"滴滴"，估值达到3600亿元之多。

希望每一位读者朋友都能把这些简单、直接、有效的方式，在你前端的粉丝聚合过程中，可以使用低价、免费和倒贴的活动方式，聚合粉丝，再通过持续化的运营，带来业务的增长。

3.用这七个循环引爆流量

前端业务设计的第三个方式是：流量规划。

整个流量的设计，直接决定了未来的客户引流、转化及后续的增长。针对产品不同周期和客户对价值需求的不同，这里设计了"流量的七个循环"，希望对各位读者有所帮助。

（1）定流

定流是关于你对客户的选择，其关键就是你服务什么客户，关注于什么客户，能给他们带来什么样的价值。

（2）引流

引流就是你的产品所解决的问题，给客户带来的价值，给精准粉丝所带来的益处。

（3）截流

流量来了，如何将流量沉淀在你的私域流量，主要有四个地方要加强。

①**价值体验**：客户的价值体验是骗不了人的，他在你这里体验好，对你的产品体验好，客户自己就会说服自己留在你这里。

②**附加价值**：不仅客户本身价值体验很好，而且你给了他额外的偏好，给了他自己都没有想到的一些东西，他觉得留在这里是一个非常有价值的选择，而且他觉得要持续跟你保持这份链接。

③**成交策略：**整个成交的环节、流程、节点、促销方案等，都是能不能截流非常重要的点。

④**付款方式：**有的客户可能喜欢一次性付款，有的喜欢分期付款，也有的客户需要先有免费体验，我们可以通过部分免费体验，或者限时限量免费体验，运用多项选择的付款方式组合，把流量截住。

（4）扩流

扩流就是把原有的粉丝进行裂变，让粉丝来转介绍和扩散。

扩流的第一个非常重要的关键就是你的老用户、铁杆粉丝的价值体验要好；第二个就是要给他一个转介绍的理由。这个转介绍的理由，一方面来自感性，比如你企业的理想、文化、产品的价值，让粉丝觉得这是一个值得支持的企业，他愿意为你传播，为你尖叫；另一方面来自理性，要给粉丝利益上的驱动，比如转介绍有一定的回馈奖励、分享有积分、有折扣等。

（5）分流

分流就是当用户跟我们形成链接时，其实是跟着不同的产品、不同的功能聚集的，因此我们需要对粉丝进行细分。所以，我们要进行专注化的、细分化的运营。只有经过细分后，客户的指向性、专业性更强的时候，客户的价值体验、满意度才会更好。

（6）回流

回流就是复购。粉丝觉得产品和服务比较好了之后，二次购买，三次购买，四次购买。同时，会转介绍新的客户，在存量的基础上进行复购，带来新的增量。

（7）循流

循流就是把前面六个做好之后，你的精准粉丝就会形成一个扩散的作用，不断循环，产生最大的增长。

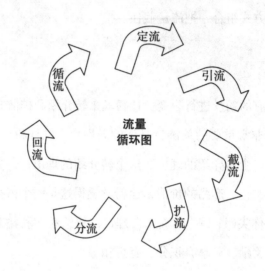

从最初的定流、引流、截流、扩流、分流、回流，再形成一个良性的循环，通过这样的流量思维和流量部署，就形成了一个持续化的粉丝链接和粉丝团汇聚，产生持续的业务合作，对企业的增长产生极大的驱动。

4. 娱乐化、情感化、知识化的传递

流量思维和流量部署过程当中，一个最重要的核心关键就是内容营销。

在文案设计和内容营销方面，做得最好的恐怕就是杜蕾斯。杜蕾斯有无数的经典案例传遍整个网络圈。

我印象特别深刻的是，有一次北京下暴雨，杜蕾斯出了一个文案，内容

大概是：今天北京下暴雨，幸好兜里有两支杜蕾斯。附的是把杜蕾斯套在脚上在雨中行走的图片。

此微博一发出，便被网友疯狂转发，在1小时之内便被转发了1万多条。

事后，此微博的作者在网上公布了创意过程：内容团队的同事说"如果将杜蕾斯套在脚上，会让我联想起小时候出门用塑料袋套鞋。避孕套有弹性也适合，何况我们用的还是凸点的，增加了防滑功能"。灵感一出，立马出了文案。

截至当晚24：00，这条微博转发量已经超过5.8万条，牢牢占据了当日新浪微博转发排行第一名。3天内，最高转发超过了9万条。

如果以传统媒体的传播效率来比较，这次没花费一分钱预算的传播可以与中央电视台一套黄金时间点的3次30秒广告效果媲美。

不管你从事什么行业，卖什么样的产品，全民在线的这个时代，你需要用文章、音频、视频等，透过娱乐化、情感化、知识化的方式，抵达用户的眼睛里、耳朵里和内心世界里。透过对精准客户传递的精准价值，透过对他需求的传递，给他带来资源的聚合，让他有机会来体验你的产品，形成业绩的成交。所以，如果你还是通过硬广、直接广告，只会让你成本付出巨大、收效却极低。

内容营销三大传递方式：娱乐化、情感化、知识化。

我女儿特别喜欢看我太太的抖音，为什么喜欢看她的抖音？因为我太太关注了100多个小朋友特别喜欢的短视频作者。

当我详细分析我女儿喜欢看的这些抖音号后，你们知道都是什么号吗？都是卖玩具的、卖儿童用品的做出的抖音号。他们通过娱乐化的小视频吸引小朋友以及父母，而他们的橱窗上就是他们自己的产品。

可见，透过内容的方式，给你娱乐化的快感，为你带来产品知识的讯息；用软文的方式、用知识分享的方式，让你加深对产品的需求，激发购买的意愿；再透过一种场景化的情感驱动，促使你下订单，这样就形成了一个很好的业务链接。

所以，未来营销的竞争肯定不是"硬广和直接产品的兜售"，而是采用一种娱乐化、情感化、知识化的传递，输送到客户的心智，形成业务的链接，最后成交。

5. 快速裂变的轨道路线

前端业务设计的第四个方式是：快速裂变。

如何形成快速裂变？

（1）"公域流量"转化成"私域流量"

5G 时代，短视频的风口有很多公域流量——平台中本身聚合的大量粉丝。在公域流量中，建立粉丝，再慢慢根据细分化、垂直化的定位，转化到我们的"私域流量"，形成粉丝团，最后聚合形成我们的"精域流量"——铁杆粉丝。

透过这些转化的"精域流量"，这些铁杆的粉丝团，又能帮助我们带动、扩散、裂变"公域流量"，再把"公域流量"转化到"精域流量"，形成业务的链接。

比如，我在线下有一些粉丝，这是我的"私域流量""精域流量"。当我到抖音进行直播的时候，抖音就是一个"公域流量"。我透过抖音能聚合一些粉丝，进入我的线下课程和线上课程中，最后又转化成我的"精域流量"。而我的这些"精域流量"，这些线下学员和线上课程的学员，就会在我直播时通过评论、留言、打赏的方式，又能激发整个"公域流量"的热度，能吸引一些新粉丝的加入，产生一个很好的带动作用。

公域流量转化成私域流量

所以，裂变的第一个非常重要的关键，就是将"公域流量转化成私域流量"，通过"私域流量"，带动"公域流量"的新粉丝，进入"私域流量"，形成一个很好的循环。

（2）思维、模式、技术，三位一体

很多企业，思维有了，模式有了，缺的是技术，但这三个方面是缺一不可的。有了思维，没有模式，不知道路径；有了思维，有了模式，没有技术，也无法按照这种智能化来进行裂变。光靠人工方式，太慢了。因此，如何把思维、模式、技术一体化推动，是非常重要的。

最简单的方式是结合"社群营销"，透过群裂变的互动链接，产生业绩促单。春节假期，为了服务更多的企业家学员，我在七个大群，每个群大概400到500人左右，进行语音直播。第二次直播，就裂变成50个群同时直播。第三次，就裂变成61个群直播。这还不算世华各个总裁班和华夏商学院建的群，而是通过

群自动裂变的扩散，形成的价值驱动。

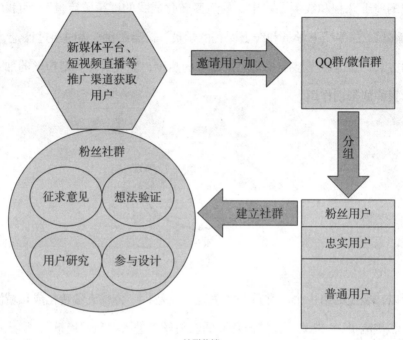

社群营销

所以，如果能把思维、模式、技术打通的话，比过去电话营销、拜访营销和直推式营销，更容易获取更多的资源，产生更多的链接。当然，你需要更用心地做内容，内容通过文章、视频、音频，透过娱乐化、情感化、知识化的传递，让粉丝接受你的企业、你的文化、你的产品，这些粉丝自动就会转化成你的客户，形成业绩增长。

在我推出《增长新引擎》系列课程的时候，很多用户在作业实操的过程中，有很多问题需要进行咨询。虽然给他们进行了一定的直播，还是不能满足他们更多深度的需求。为此我特别推出了《昕管理研习社》，不仅可以在一起同习，拿到落地性的方案，更重要的是能够形成一个"同盟"——在资源上进行链接，在事业上进行投资——成为一个"同群"，即卓越管理者的一个集群。

在这个群体中，不仅是由我给大家带来智力上的指导和资源上的共享，同时还邀请一些意见领袖、知名导师和杰出社友，大家一起共享成长、彼此成就。最终不断裂变扩大。

当下，很多商业模式都采用直播的形式，用直播工具推动整个业务的链接。直播间，就等同于企业的洽谈室，等同于新品发布会，等同于业务招商会。如果你还不会演讲，不搞直播，不会采用新模式和新工具来推动业务的话，想赢得竞争、获得新增长，那是非常难的事。

作业实操

1. 如何快速建立积累粉丝数据？

_____

_____

_____

2. 如何快速吸引粉丝聚合？

_____

_____

_____

3. 如何创造和使用流量价值链？

_____

_____

_____

4.如何快速有效地裂变增量？

_____

_____

_____

第五节　如何从业务层后端设计获取高增长

企业的业务设计体系中，前端的设计是为了获取流量，建立链接，在后端主要产生收费业务或者高价值的业务流。简单说，就是在企业运营中，前端导流，后端变现。

1. 抛弃 1+1 ＞ 2 的思维模式

后端设计的第一个关键便是聚焦，这需要企业首先抛弃"1+1 ＞ 2"的思维模式。

当企业产品线开始增加时，企业的运营成本和管控成本将会大幅上升，这就很好地解释了一个产品占据市场的 40% 的份额远比 4 个产品各占市场的 10% 要有意义得多。毛主席曾经讲过，打仗最重要的一个原则就是集中优势兵力各个击破敌人。不仅打仗如此，经营企业也是这样。

记得 2006 年，浙江民生药业邀请我到杭州给他们的经销商、代理商、办事处、分公司 600 多人上课。他们告诉了我一个数字，2003 年，他们一年的营业额只有 2000 万人民币，但他们推出"21 金维他"后，就这个产品进行聚焦，做到极致。2003 年就突破了 2 亿人民币，2005 年突破了 7 亿人民币，当年的目标是 12 个亿，已经完成的额度超过了 7 个亿。

我问他们，为什么能如此高速的增长？他们说，最重要的一个关键是，他们领会了"聚焦"这个原理。过去做 80 个产品，也只做了 2000 万的业绩。但透过一个"21 金维他"，就做出 2 亿的业绩。等完成 12 个亿时，就比当年的 2000 万增长了 60 倍的业绩。此前我们去做产品广告时，恨不得把所有的产品都宣传到。如果没有宣传到，就感觉我们吃亏了。现在，我们在整个报纸的版面、电视等媒体渠道上也只做这一个广告。这样才能形成强大的冲击力，在客户心智中留下深刻的认知。

可以说，成功的企业都是先专注在一个项目上、一个产品上、一个领域上和最优秀的人才上，然后集中火力，各个击破，从而做到最好。

很多企业对规模的崇拜近乎一种"傲慢与偏执"，很多领导者一听到"世界500 强""知名企业"这些字眼就头脑发热，脚底生云。而实际上，当一个企业涉足的领域越多，所要面临的竞争往往比能够争取到的机会高出很多。在企业实际生产经营过程中，"大"并不一定代表"强"，多而无用的资产和组织结构会带来源源不断的消耗和不当占用，成为企业行进的掣肘和累赘。

当然不是说企业不可以多元化，而是可以像我在前文讲过的"1+1+1……的叠加"，才能形成良性增长的生态平台。

2. 从粗糙战术推向极致

后端获取收益的第二个关键就是：极致。

在实行产品聚焦时，企业必须把产品从粗糙战术推向极致。将产品做到极致，满足用户痛点，解决用户痒点，给用户带来刺激与兴奋，让用户疯狂传播称赞，应是每一个企业追求的目标。

　　被誉为"创新之父"的乔布斯曾说：伟大的产品都是只有一个按键的，例如抽水马桶。在这样的思想指导下，iPhone 只保留了一个物理按键。

　　在苹果企业面临极度困境时，乔布斯回归苹果。当时乔布斯对所有产品的研发是极致的苛刻。其回归苹果后，发布的第一款震惊世界的产品是iPod。苹果把这款 mp3 做到了极致，不仅容量高达 5-10G，而且操作极其简便，只使用一个转盘就代替了其他 mp3 上的播放、停止、前进、后退等功能按键。正是这种超强的用户体验，为 iPod 赢得了市场。

　　之后的 shuffle、nano 都在不断地优化用户体验。当苹果决定推出一部手机的时候，乔布斯要求只有一个按钮，很多研发人员说做不到，说大多数手机都是翻盖或者按键形式。但乔布斯说必须做到，如果做不到就辞职。乔布斯的脾气比较暴躁，所有的研发人员全力突击，极致的体验，变成了一个home 键。这样的设计让用户操作起来更简单，更有控制感。而现在，所有的手机，连 home 键都没有了。

苹果之所以从一家别人都不愿意买的、亏损的企业，用了四年的时间，成了全球市值第一的企业，产品的大卖跟乔布斯对整个产品追求极致的精神是有很大关联的。

　　要把产品做到极致，须遵守以下原则：

（1）外观设计到极致

　　产品外观是消费者看到的第一印象，若你产品的外观设计让人第一眼就能爱上它，那你就成功了一半。

（2）内在品质经得起市场考验

再美的外在，若没有内在，也只会是昙花一现。若你现在想设计一款手机，外观美，能防水，省电，系统操作简便，耐摔，功能又强大。试想有哪位消费者会拒绝呢？

（3）简单又方便

这是硬性条件，没有人愿意使用笨重的东西。若你的产品笨重又不实用就无法被市场吸纳，无法让市场吸纳的产品都是废品。

3. 最简约的往往是最经典的

星巴克通过操作猫爪杯供不应求的感觉，使猫爪杯狠狠地火了一把。只能接受预定、且每天限量1100——3000个，这听起来熟悉的操作把一个普普通通的杯子从原价199元炒到了600多元。

如何用最简单、最直接的方式，让客户感受到体验价值？只有简约才能让消费者快速理解和接受产品的概念。

把麻烦留给自己，把便利留给客户。

做到最简单，产品才坚不可摧。简单的背后是不简单，当一个类型的产品已经发展到功能比较完善时，进一步的发展应该是根据产品的定位做减法——突出功能和使用场景，用留下来的功能引导用户。

马云在大学演讲时曾说，我为什么能够成功？因为我没有钱，不懂技术、不会规划。大家都哈哈大笑，甚至哈佛的教授都觉得他是在开玩笑。但是，其中有一项他没有开玩笑，因为他不懂技术，他不会按照技术的思维来看待产品，他会用用户的思维来体验产品。如果他都觉得产品使用麻烦，体验感不好的话，那就不要推向市场，就不要让用户来进行体验。

微信之父张小龙，也对"简单"这个终极、强大的力量有着深刻认识。微信刚推出"摇一摇"功能时，用户量和活跃度迅速飙升。马化腾当时给张小龙发了一封邮件，说：摇一摇真的很好，要防止竞争对手抄袭。为什么不把预先该想到的都想进去，让别人想模仿的时候都没有办法进行微创新呢？张小龙回复说：创新是永无止境的，别人总可以加一点东西做到和你不一样。但是，我们这个功能已经做到最简化。在张小龙的产品哲学中，复杂的东西是脆弱的，极简才能不被超越。在这种理念的指导下，微信做到了绝大部分产品难以企及的高度。

现在是消费者心智时代，而消费者心智时代也代表着信息爆炸时代。在信息爆炸时代，就需要一个简单的东西让人快速辨识出来，比方说沃尔沃的战略就是安全，宝马的战略就是驾驶的愉悦，这都是简单概念成为战略的成功案例。

大道至简，我们的产品需要极简，极简到用户一看见就能知道我们，而差异化就是极简的概念。比方说更大一点、更小一点、更好一点、更贵一点、更高一点、更矮一点……这都可能将自己的劣势化为优势，使得长板更长。

4. 重复 100 次也别忘记迭代

第四个非常重要的关键就是迭代。

一个产品的出现，可能是源于某个想法，或者源于公司某方面的资源，但不管是什么样的原因，刚刚出现的一个产品，离真正的好产品还有很远的距离。

真实的用户需求是在用户使用产品中不断被发现和满足的；用户总会有新的需求。

正是基于这点，所以好产品不是从无到有的创造，而是从有到优的迭代。因此，清晰理解用户需求的核心在于不断总结上代产品的经验教训，在上一代产品的基础上，做可积累的改变和优化。

我从事管理教育超过二十年的时间，所主讲的《总裁执行风暴》历时十七年的时间，开课超过二百五十期以上，有超过十万的企业管理者接受过这个课程训练。即使如此之厚的积淀，我依然对这个产品提出了"日精进、周迭代、月升级、年刷新"的要求。每一次课程结束之后，都要进行三次会议的复盘。

（1）总结会：由当场课程的会议负责人来开总结会，从以下三个方向总结：

①导师线：主讲老师、督学老师和服务老师在现场发现的问题；

②流程线：课前、课中、课后，学员体验感如何；

③服务线：硬件服务、软件服务、落地服务是否做好。

把所有总结的问题以及改进的建议变成文字性的方案进行研究。

（2）专题会：由产品研发中心进行讨论，根据这次复盘中的问题，总结如何改进、升级，拿出具体的方案。

（3）联席会：我作为主讲老师，也要参加；其次，督学老师、服务老师、会务负责人；再次，课前、课中、课后流程的相关负责人要参加；然后整个硬件服务、软件服务、落地服务关联的第一负责人参加。

通过这三条线来进行总结、升级、改进，通过全面系统的升级，把这个产品不断的迭代，让这个课程走过了十七年的时间，每一次课程的复购率达到 80% 以上的比例。为什么有这样一个结果？很重要的一个原因就是持续的迭代，持续的升级。

所有的迭代一定是用户需求驱动的，我们可以从用户本身和用户需求两个方面来分析。对于一个产品而言，用户是分层的，你不可能满足所有用户，所以你首先要对用户进行分类，你优先满足哪类用户。当然，这还不够，你还需要进一步确定用户需求的优先级，原则是聚焦满足某类客户的某类需求。

5. 区隔对手让客户尖叫

后端获取收益的第五个关键是：尖叫。

如何能够让客户持续尖叫？我在前文中有专门一节讲到这个问题。这里面核心的关键就是：拿出 1∶10∶100∶1000 的力度去做一个产品，去做一个价值，去做一个体验。你做的产品越多，不够聚焦，就不会给客户带来超强的价值体验，客户就不会尖叫。没有尖叫，就不会有口碑，就不会有复购，就不会有转介绍，就不会有后端业务持续的增长。

6. 建立品牌蹿红的口碑传播模式

第六个非常重要的关键是：口碑。

有个公式，我们要记住：品牌 = 品质 × 传播度。

传播度的广泛靠的就是口碑。

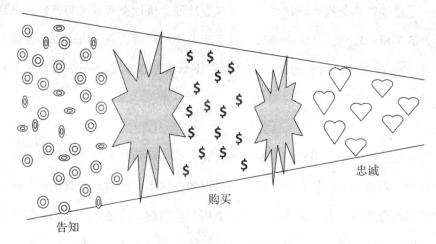

传统营销推广方式

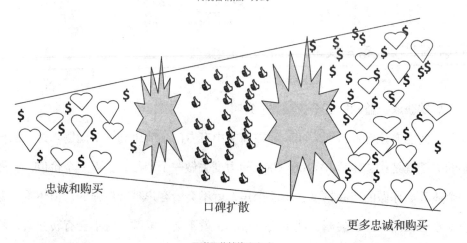

互联网营销推广方式

过去，传统的营销推广的方式是：1万个有知名度的用户告知出去，能产生

1000个美誉度，留下100个有忠诚度的用户。现在自媒体时代，每个人都有媒体转化的能力，所以要倒过来运作：当你有100个忠诚的用户来购买，就能够扩散1000个美誉度的用户，这1000个美誉度的用户就会裂变为10000个有知名度的用户忠诚和购买。

每一个用户都是一个市场，每一个用户都是一个渠道。

你不知道谁会成为你的超级口碑传播者。现在的时代，一定要更加重视口碑的力量和口碑的裂变效应。口碑的传播是建立在极致简约的产品和服务之上的，这些我在前文中都反复强调过。

在如今流量越来越贵，转化成本越来越高，推广成本越来越高的当下，如何做好口碑营销从而让用户自发传播？这里推荐一些方法，希望对读者朋友能产生一些启发。

（1）让用户有参与感

在产品和服务研发的阶段，就要多听取准用户的意见，让用户参与其中，让他们的参与感达到最大，他们会通过口碑的方式进行传播。这就好比小米最开始的营销，就是利用用户的参与感，达到口口相传的营销效果。通过用户的参与感，他又会介绍朋友过来，不仅转化率高，并且吸引新客成本相对低很多。

（2）体验感好

你的产品好、服务好，好到用户在使用完后，会感叹：真好看！真好用！真方便！体验真好！用户就会愿意对身边人进行分享。就如海底捞的服务就让用户感叹。所以，企业要在产品体验，服务上花更多的心思打磨，打磨得要比同行高

明得多，才可以让使用过第一次的用户"感叹"！

（3）情怀输出

不会讲故事的产品，不是好产品。这种故事，其实就是一种情怀输出，用情怀打动用户。比如前几年《战狼》电影，就是一种"犯我中华者虽远必诛"的爱国情怀，让很多人口口相传，创造了中国电影票房的奇迹。

（4）利益驱使

要给用户一些利益上的驱动，因为人都有"占便宜"的心理。比如拉人头返现的推广方式，这方面做得最好的就是"拼多多"的砍价，一个产品，你想要免费得到，就必须找更多的人来帮你砍价才有可能免费拿到，这样就会让用户主动为你拉人！

总之，口碑是基于你的产品好，你的服务好，你的体验好，才能让用户自发去做。这种自发性源于对企业的产品的认可，对服务的认可，并且乐意口口相传。

7. 制造"稀缺感"，买、买、买！

第七个非常重要的关键是稀缺感。

人类对损失极其敏感，越是得不到，越是希望得到，这就是稀缺，具备某种意义上的不可替代性。所以制造产品的稀缺性，诱发用户的购买欲望，是优秀卖货的标配。在稀缺感的制造方面，互联网企业是做得特别好的。

（1）限时

在规定的时间内购买则享受到超越别人的体验和价格，这就是限时的效应。人下单多少会犹豫，限时就是告诉客户要赶紧下单，买了不会吃亏。像"双十一"、"双十二"、京东"618"，采用 0 点秒杀的方式，就是用限时去触动、刺激顾客快速做出决定，透过"稀缺感"的制造，激发客户更快实现成交。

（2）限量

当你的产品满大街都是，人们可能毫不在意；数量稀缺就是让用户潜意识里知道，我们供不应求，你再不买就买不了。比如限量版包包、小米新发布的手机、捂盘惜售的商品房等，都是用数量制造稀缺性和紧张感。

就好比北京开始实行单双号限行的时候，我问卖车的朋友，限行是不是影响汽车的销售？朋友说没有，我们的销量反倒增加了。我说为什么？他说，原来很多人买一辆车，现在是买两辆车。我说，为什么买两辆车？他说，因为限号后，单号一个车牌，双号一个车牌，买两辆车的人比较多，反倒增加了销量。

所以，有时候"限量"让客户反倒有稀缺感、紧迫感，会产生更多的购买。

（3）排号

不仅是互联网企业，很多房产企业也在使用这样的方式。当一个楼盘开盘，你去看房子时，销售会告诉你，如果对房子有意向的话，不妨交 5 千元的排号费，到开盘的时候，可以凭排号进行抽取。如果抽中了你，这 5 千元可以顶 2 万元。如果没有抽到，这 5 千块钱原封不动退给你。

最后产生的结果是什么？总共 300 套房源，可能有 3000 人进行排号，最后房产企业通知你：某某先生，特别恭喜你，经过抽号，您可以选购这个房子，您在本月 31 号之前带着相关的证件来办理房子的手续。

这时，很多人钱不够的时候，就跟自己的亲朋好友说，赶紧帮帮我，我好不容易才排上这个号，而且获得优惠，就产生了真正的成交。假设没有排号这种方式，第一个顾客来了之后直接走掉了，然后被其他的信息分散，就很难锁定客户。另外，如果没有排号，也没有紧迫感，就无法促使当月形成订单的交易。因此，排号的方式是适合很多领域和企业的。

（4）断货

断货是为了刺激用户内心的欲望，甚至让他们产生恐惧感，让他们觉得过了这个村就没有这个店，错过就会后悔，进而赶快购买。

我印象很深刻的一件事，是当年贾平凹老师所写的《废都》刚出版时，整个书店都是打着"《废都》已断货，请勿问"。为什么？问得太多了，把书店销售员都问烦了。还有很多直接写着："《废都》还有 20 天到货，请耐心等待。"

想象一下，当很多陌生顾客走进书店，看到这些牌子，也许你从来没有听说过《废都》，但也可能会去打听一下，或者了解一下，这是什么书，为什么这么火，火到什么程度，我也要定上一本。所以《废都》当时的断货反而激发了顾客购买的意愿，并且一次又一次的再版，创造了发行的奇迹。

那时，我还在上大学，还不认识贾平凹，我也订购了一本《废都》。后来在西安的时候，我们就成了很好的朋友，多次在一起聚会。我成立"岚昕大爱基金"时，他专门给我题词来支持我的爱心事业。

8. 延迟客户的满足感

第八个非常重要的关键就是饥饿感。

所谓的"饥饿感"，就是当客户饥渴时，销售的力量才能产生更好的引爆。通俗来讲就是延迟客户的满足感，让供应的产品减少，从而让消费者们需求变高，造成一种供不应求的假象。在这种情况下，消费者们反而更想要得到这类产品。

苹果手机很多系列都采用了"饥饿"营销。最典型的方式是，在产品上市时，限量发布多少部手机，然后很多果粉去排队，排了一个晚上，可能也没有排到，最后产生了一种强大的饥渴感。而那些买到的人就会到处炫，"我买到了首发产品"，没买到的朋友就非常失落。这种饥饿感的情绪还在进行扩散，更激发那些已经有意愿购买的人。因此，那些潜在消费者引发的饥饿感，的确对苹果整个业绩的拉升起到了非常有效的作用。

制造商品的唯一性，创造缺口，让消费者感觉到"饿"，饥饿营销的 4 个步骤。

(1) 引起关注

想成功实施饥饿营销，在新产品推出之前，企业就应该利用各种媒体渠道扩展传播声量，引起用户的关注，吊足消费者的胃口。当然，光制造产品关注度还不够，还要做好用户分析，只有找到用户的痛点，做到定向投喂，饥饿营销才能做得好。

比如 iPhone X 上市前，就有很多文案出来，"OLED 屏幕可能难产，本身供应链产能爬坡,iPhone X 可能是史上最难买到的机型。"就引起了用户的极大关注。

（2）建立需求

仅仅是引起用户的关注还不行，还要让用户发现自身对产品有需求。如果大家只是关注，自身却没有需求，不想拥有，那还是达不到目的。而且用户的痛点要找得准确，只有痛点找的越准确，产品才能满足用户需求，切中用户的情感需求，产品才能被用户接受。

（3）建立期望值

成功引起用户关注后，还需要帮助用户建立一定的期望值，让用户对产品的兴趣和拥有欲越来越强烈。比如之前提到的星巴克的猫爪杯，通过操作，只能接受预定、且每天限量，这听起来熟悉的操作把一个普普通通的杯子从原价 199 元炒到了 600 多元。

（4）设立条件

设立得到产品所需要的条件。比如小米之前很多系列的手机，就必须先预约，只有预约的用户才能在限定的时间内参与抢购。

当然随着做"饥饿营销"的企业越来越多，"饥饿营销"的方式没有过去灵了。但有一点大家一定要记住：要让用户延迟满足感。如果把握好的话，客户的体验感就会更强，往往越能够延迟客户的满足感，反倒越能建立长效的价值链接，形成商业模式的可持续性。

9. 爆品如何种草拔草?

后端获取收益的第九个关键就是：爆品。

如何做成爆品？其实前面已经做了系统的分享，就是通过聚焦把它做到极致，形成简约的力量，并且持续地迭代，让客户尖叫，形成裂变的口碑，让客户同时有稀缺感，能够产生饥渴，就能形成爆品的力量。

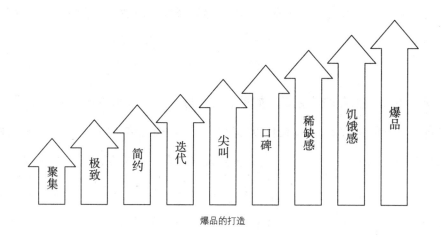

爆品的打造

世华杰出校友，绿业元的范国防范总在参加完《总裁执行风暴》《顶层战略架构》等课程之后，他发现，企业中有一个最需要做的调整，就是裁减，聚焦核心品项。在认识我之前，他做了400多个产品。我说，你要简化、简化、简化，要聚焦、聚焦、聚焦。

于是，他带领企业从当时的400个产品裁剪成200个产品。当他裁减一半的时候，企业的业绩变成了一年5个亿，增长了5倍。2018年，他带着他的女儿再一次来参加《顶层战略架构》课程，在课程中他告诉我：姜老师，你知道现在我做几个产品吗？一年做多少业绩吗？我现在只聚焦一个产品，把它做到同类的单品第一，现在一年的业绩超20亿元。

所以，不在于你做的产品多，而是能不能做到单品第一，甚至在这个品类中成为第一。我到郑州去讲课时，刚好讲课的会场离他的企业不远，他邀请我到他的企业去参观。他说，姜老师，我们现在每个月的营业业绩是持续增长，明年我想增长三倍还是五倍，都由我自己说了算。我说，为什么你有这么大的信心？他说，很简单，因为当我聚焦一类产品把它做到极致，成为最大的单品，我没有竞争对手时，我就是客户的最佳选择，就等于我在高速路上开车，没有对手超越我，只要能够保证自己的安全，我就能获得这样的增长。

所以每一个企业的领导者，如果能运用好"业务层前端设计和后端设计"，能"前端加强流量规划，后端进行产品变现"，一定会给你的企业带来新的业绩爆发。这里，我要再一次强调的是，一定要聚焦在某一个点，某一个单品和某一个品类上。

你只有一，坚持一，最后就能成第一。

如果你的整个业务安排和设计过程中，过多、过杂、过宽，最后你就被分散，资源被分散，力量被分散，所有能量被分散，最后一事无成，所有的光环都被耗尽，你只会成本加剧，效益剧减。

作业实操

1. 如何聚集爆品做到极致？

_____

_____

_____

2. 如何持续地迭代让客户尖叫？

_____

_____

_____

3. 如何运用口碑和技术进行粉丝裂变？

_____

_____

_____

4. 如何运用稀缺感激发客户购买和传播意愿？

_____

_____

_____

第六章

设计营销组合系统

可以毫不夸张地说，每个企业只有营销是赚钱的，其他环节都是成本支持。随着企业竞争环境的改变，营销体系也在向前发展演化。那么，如何通过营销系统的优化，帮助你的企业迅速增长、创造巨大业绩呢？

第一节　如何构造迈向营销巅峰的路径

每一个企业首先要做的就是要打造出长销不衰的产品，而产品的长销不衰需要设计。其实，每一个营销的结果都是设计出来的，每一个营销的终点都是有路径轨迹可循的。这个观点是建立在营销历史上著名的 4Ps 理论基础之上的。

这里先给大家分享一件难忘的事情。

2005 年 5 月，在西安，我有幸与"现代营销之父"菲利普·科特勒先生同台演讲。我说，菲利普·科特勒先生，您演讲了几十年，最难忘的一场演讲是什么时间？

他说，最难忘的一场演讲是源于 40 年前受一个单位邀请，我准时赴约，但现场只有一个听众。我告诉自己，即使只有一个听众，也要用心、用力地进行演讲。当我演讲完，我想，我终于演讲结束了。那个听众站起来热烈的鼓掌。我欣慰地告诉自己，我成功了。

当我准备离开会场时，那个听众把我叫住，"菲利普·科特勒先生，你现在还不能走。"我问，为什么还不能走？演讲已经结束了。他说，因为下一个演讲者是我。

给读者分享这个有趣的故事，是想告诉大家，菲利普·科特勒先生对自己的营销，对自己的演讲，如此专注，如此投入。他在营销方面一个重大的建设，就是强化和推进"4Ps 营销理论"。

1. "4C+3R"是什么意思?

4P 理论是"营销组合理论"中的一个部分，奠定了管理营销的基础理论框架。该理论由尼尔·博登于 1953 年在美国市场营销学会的就职演说中首次提出。随后杰罗姆·麦卡锡于 1960 年在其《基础营销》一书中将营销组合的要素进一步概括为 4 类。1967 年，菲利普·科特勒在其畅销书《营销管理：分析、规划与控制》第一版中进一步确认了以 4Ps 为核心的营销组合方法，即：**产品（Product）、价格（Price）、渠道（Place）、推广（Promotion）**。

4P 理论

（1）产品（Product）

产品不仅包括有形的商品，还包括无形的服务，以及具备价值的虚拟交易品。注重开发的功能，要求产品有独特的卖点，把产品的功能诉求放在第一位。从企业的维度讲，就是如何研发设计产品。

（2）价格（Price）

根据不同的市场定位，根据自己的客户群体，产品价值制定不同的价格策略。产品的定价依据是企业的品牌战略，注重品牌的含金量。

（3）渠道（Place）

企业并不直接面对消费者，而是注重经销商的培育和销售网络的建立。企业与消费者的联系是通过分销商进行的。

（4）推广（Promotion）

企业通过销售行为的改变来刺激消费者，以短期的行为（如让利，买一送一，营销现场气氛等）促成消费的增长，吸引其他品牌的消费者或导致提前消费。这里需要注意的是，推广不仅是做销量，有品牌宣传的作用，也有市场调研和公共关系的成分，还与价格要素有着紧密的关联，且与整体营销规划若干节点有着关系。

随着营销理论的发展，美国营销专家劳特朋教授在 4Ps 的基础上，提出了"4Cs 营销理论"。这个理论的核心是从过去"企业的维度"来定产品、价格、渠道和推广转化到现在从"客户的维度"来进行营销的组合，它以消费者需求为导向，重新设定了市场营销组合的四个基本要素：消费者（Consumer）、成本（Cost）、便利（Convenience）、沟通（Communication）。

4Cs 理论

（1）消费者（Consumer）

首先要了解、研究、分析消费者的需要与欲求，而不是先考虑企业能生产什么产品。

（2）成本（Cost）

首先了解消费者满足需要与欲求愿意付出多少钱（成本），而不是先给产品定价，即向消费者要多少钱。

（3）便利（Convenience）

消费者的便利性，即产品应考虑到如何方便消费者使用。

（4）沟通（Communication）

以消费者为中心实施营销沟通是十分重要的，通过互动、沟通等方式，将企业内外营销不断进行整合，把顾客和企业双方的利益无形地整合在一起。

"4CS营销理论"强调企业首先应该把追求顾客满意放在第一位，其次是努力降低顾客的购买成本，然后要充分注意到顾客购买过程中的便利性，而不是从企业的角度来决定销售渠道策略，最后还应以消费者为中心实施有效的营销沟通。

形成好的营销路径，而且要更适合中国企业的营销策略，我们将两种理论结合起来，形成"4C+3R"这个营销战略导航。"4C+3R"是个什么意思？

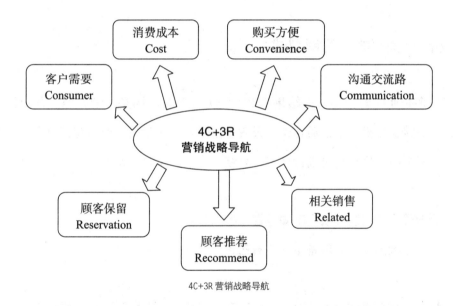

4C+3R营销战略导航

4C的意思是：

（1）从客户需要的维度思考产品；

（2）从顾客的角度考虑他能接受的消费成本；

（3）从客户的维度考虑如何给他提供最好的购买便利；

（4）用什么样的方式和流程跟客户沟通会产生最好的业务链接。

3R的意思是：

（1）如何做好顾客的保留，即，让客户能持续跟我们形成链接；

（2）顾客推荐，即，转介绍能产生更多的客户裂变；

（3）相关销售，即，如何在每一次与客户的链接中，能够产生二次、三次的业务链接，能产生关联的业绩和关联的业务合作。

如果能把"4C+3R"的模式在企业中有效使用的话，等于掌握营销当中非常有效的一个系统。如何将这个系统使用到极致，创造更好的价值，真正迈向营销巅峰？我们看下面的内容。

2. 迈向营销巅峰的营销测试

很多企业的营销为什么结果不好？很大一部分原因是，没有经过营销的测试，就直接匆忙推出，最后在营销过程中出现了很多营销失误和营销阻力，甚至营销停滞之后，反过来再进行反省、总结、改观，那就损失大了。

企业最大的问题，就是不知道自己的问题。

企业最大的损失，就是不知道自己正在损失。

根据上文分享的"4C+3R"营销体系，产品在推出之前，我们要从客户需要的维度思考产品，分析他们的需要与欲求；了解客户满足需要与欲求愿意付出多少成本，可以定出几种不同的价格，看看你的准客户对价格的感知度；从客户的维度如何给他提供最好的购买便利；从宣传、推广和营销计划中，怎么能与客户产生更多的业务链接。当企业能做好这样的测试，相信能在正式的营销战役之前，一定会减少营销过程中的失误，创造更好的结果。

在前文中，我跟读者分享过我曾出版过一本畅销书《领导无形，管理有道》。这本书曾创造在王府井、西单等新华书店，以及当当、亚马逊等网络渠道的管理类图书中销量第一，一年的时间发行超过 45 万册。

就这本书书名，我动员公司内部同仁、外部企业家朋友一起构思了几十个名字，最后筛选只剩下十个名字。然后在十个名字中再进行投票、评比。在书籍出版之前，交到出版社时，当时定下的名字叫《领导多一点，管理少一点》。最后在出版时，《领导无形，管理有道》这个书名在所有渠道的投票和认可度都是最高的。

设计封面时，也进行了几轮测试。先将备选的封面在世华内部投票，获得票数高的几个封面在我每一次总裁班讲课时，再让学员投票，最后剩下两个，最终确定封面上的图片和文字。

还有一个我特别难忘的事情，我曾出版过一套光盘《领导解放，企业重生》。在正式发行之前，我在总裁班现场做了个关于定价的测试。这套光盘当时定了两个价格：一个 1280 元的精装版；一个 1980 元的礼盒版，里面除光盘之外，还有书籍资料和原生 CD，整个包装也很豪华。

当时在现场测试后，80% 的人订了 1280 的精装版，只有 20% 人订了 1980 的礼盒版。所以，原准备这套光盘是首印 1 万套，各印 5000 套。经过测试后，我们就把 1280 的精装版做了 8000 套，1980 的礼盒版做了 2000 套。

所有产品积压的源头是没有进行测试。如果没有这次测试，就会造成产品大量的积压。而测试能减少很多无谓的成本。在总裁班现场经过测试后，1280 元精装版特别热销，因为大家听了我的现场课程，对我非常了解。但我们重点是要在机场进行发行，出入机场的客户可能从来不知道我，也没有听过我的课程，还能继续用原来的价格吗？

我跟发行伙伴进行沟通，他们提出了一个价格，说这套光盘价格最好是690-790元这样一个价格。后来，他们经过测试、调查，最终确定690元的定价接受度是最高的。所以，在机场，还是那套光盘，只是在包装上做了精减，定价690元。

这套光盘最后产生的发行量是多少？整个国内机场，每天早上5点50分到晚上12点之间，累计8个月的时间，都在播放我的这套光盘。最终，机场加上我们所有的各种不同渠道的发行总和，达到了十万套之多。之所以能产生这么好的销量，关键就是我们做了价格的测试。

如果没有经过营销测试，就直接推出，相当于是一场营销战役没有做好任何提前的设计，就匆忙上马，有可能全员阵亡，这无异于集体自杀，最后一定是损失惨重。因此，一个企业要想迈上营销的巅峰，第一个关键就是要进行测试。

我们在哪些方面进行测试呢？在产品没有售卖之前，甚至前置到还没有研发之前，需要在名字、包装、价格、渠道、宣传、销售的政策，选什么人做见证、做代言，以及广告的形式等方面进行测试，测试之后再进行优化和升级。这样营销的成功率会更高，减少很多不必要的成本。

真正的营销不是产品出来之后疯狂的行动，而是把所有营销环节，设计在产品研发之前。

乔布斯的这句话是什么意思？在产品没有研发时，把客户的需求，价值的体验，以及营销的手法，都设计在整个产品研发之前。这样的产品出来，正好就是满足客户的需求，客户也愿意花钱购买的，而企业成本的投入，整个渠道的建设，以及所有的营销方式，都已经提前设计好。每一位读者，如果能把这一个点使用好，必将大大节约营销成本，提高营销成效。

3. 复制统一的营销脚本

一部好的影片是由编剧、导演、演员，一起合力完成，给观众带来最好的艺术体验；一个好的演说家，又是编剧、又是导演、又是演员，三合一，最后他能做出一场精彩的演讲。

其实，营销团队和营销成员，根据不同的场景，也需要演绎不同的角色，而要演好这些角色，就需要有一个统一的营销范本。这个营销范本是根据你的准客户、产品、业务模式，根据你跟客户的沟通方式，所制定出的最有成效的内容。也就是说，这个范本是在过去的营销过程中，经过实践证明，能够带来最有效的成交结果的脚本。按照这个范本来演绎，成功率最高。

2007年，当时世华的业务处在一个高峰的增长期。我们需要训练一批推广讲师，做前端课程的推广。因为我讲的是明星课程《总裁执行风暴》，当时训练了一批推广讲师，其中有一位讲师，他第一次推广的时候，成交了12个《总裁执行风暴》，但他当时讲的并不熟练。第二次，经过准备之后，相对熟练，成交了6个《总裁执行风暴》。到第三次，讲得越来越熟练了，而且熟练的根本不用看提纲，也不用看任何PPT，最终成交的结果是多少？是零！

为什么？问题出在哪里？第一次讲的时候，虽然是最不熟练的，但他是按照演讲的范本来讲。这个范本是经过敲打，经过实践，经过反复升级过的脚本。按照这个讲下去，就能够给客户带来价值，带来冲击，产生感召，最终成交的也多。随着他讲第二场，开始熟练的同时，慢慢就偏离了脚本；当他第三次完全熟悉了之后，越来越偏离范本。范本偏差得越远，最后成交的就越少。

为什么业绩好的人，反倒是看似那些看上去傻傻的人？为什么学历低一些的人，在营销上反而创造了很好的绩效？很重要的一个原因，就是这些看上去傻傻的人，学历低的人能按照营销范本去不断实践，反复使用，最后变成自己与生俱在的功力，自然而然就能创造良好的绩效。

所有的客户都是问题专家，业务团队必须是咨询专家。

客户提出问题，业务人员不能恐慌，而是要在客户的问题中发现痛点，扩大痛点。在提供咨询的过程中，去帮客户解决问题，创造价值，为他推荐最佳的选择。在这个过程中，就需要一套很好的话术。根据不同的业务场景，设计好话术脚本，进行规模化复制。把这些东西部署好，就能够减少很多营销中的弯路。

当然，在统一营销范本方面有三个关键要注意：

（1）范本三化

①**标准化**：只有标准化，才能更好地复制，同时标准决定了水准。

②**流程化**：即，售前如何预热；售中如何激发客户需求，让客户认定能给他带来的价值；售后如何更好地服务、扩流，形成更好的裂变。

③**复制化**：从0到1，可能是一个突破，但是从1到2就是依法复制。

通过这个标准和流程，不断升级，加以复制，就可以规模化地创造业绩，批量化地生产更多的营销精英，形成持续化的业绩提升。

（2）标杆模拟

把企业的月度冠军、季度冠军和年度冠军，作为企业的营销标杆，把标杆的体会、感悟，总结成方法论，让团队进行模拟、实践，就能创造类似的绩效。这主要通过三个方法：

①**标杆的轨迹**：即，这个人是如何成为营销冠军的？从他的信念系统、能力系统进行了解，找到他获取第一的轨迹。

②**标杆的章法**：即，他用了什么方法、策略、路径成为冠军？提炼出来，变成一个标准化、流程化、可复制化的东西。

③**标杆的流程**：即，他售前怎么做？售中怎么做？售后怎么做？他如何让销售的流程产生了好的绩效？把这些东西在整个业务团队中加以复制，就可以带来很好的业绩提升。

（3）人人通关

营销范本出来后，最重要的是团队成员要从上往下演练，并且进行笔试、口试，现场模拟、通关。可以分成业务小组进行比赛，拉开名次，最后达到了然于胸，全员复制。

进入北京华夏管理学院免费大学的学生在入学集训时，有一个环节就是通关活动。这些从外地农村出来的孩子，可能从没来过北京，但就在北京这个陌生的地方，他们经过训练后，能进行陌拜、沟通、交流，推广书籍、销售产品，最后达成一定的目标来实现通关。他们能做到这些，最重要的是，他们的信念、价值观系统，以及整个沟通交流的范本，都有一个非常系统的操作步骤。

世华这么多年的发展过程中，每一个业务团队的领导者，都有一个业务的流程导图；每一个业务同仁，都有一个业务操作手册进行演练，以保证他们在营销的过程中应对所有遇到的挑战。如果每一位企业家朋友能组织业务战队加强统一营销范本的强化，一定可以创造更好的绩效。

4. 创造营销的场能嗨翻市场

顾客靠感性决定买不买，靠理性决定买多少。所以，构建高能量气场对整个营销成交会产生重大的驱动。那么，如何构建能量场？

（1）激活身体的能量场

①**眼睛**：所有顾客眼睛能看到的地方，一定是干净的、整洁的、有能量、有气场的。

②**耳朵**：所有顾客听到的音乐和听到的语言，一定是正向的、阳光的。

③**鼻子**：所有顾客闻到的一定是有香味，清新的，不能有其他的味道。

④**舌头**：你给顾客泡的咖啡、茶，送的饮料，请他用的餐，一定是他所喜欢。

⑤**身**：你穿的衣服，是不是阳光的、正向的、充满能量的，是不是暖色调的。

⑥**意念**：从你的内心深处所发射的能量，是否愿意帮助顾客解决问题，为他创造价值？你是真正成就他，而不是单纯想成交、想赚他的钱。

江本胜博士写了一本书《水知道答案》，你对着水不用说出来，你在意念中祝福它，就结出漂亮的玻璃花；如果是诅咒它，就结出污暗的玻璃花。

我儿子看到这本《水知道答案》之后，就跟我说，爸爸，我们能不能在家里来一个《水知道答案》的测试。我说，"我们家没有大的水缸，不过桌子上有苹果，你在一个苹果上贴个条叫'我喜欢你'，在另外一个苹果上贴上'我讨厌你'。每天上学之前对贴着'我喜欢你'的苹果说十遍'我喜欢你'，对另一个苹果说十遍'我讨厌你'，看看是什么结果。"结果，不到一星期，贴"我讨厌你"的苹果就烂了，贴"我喜欢你"的苹果依然新鲜。

这就是意念的作用。所以，要创造好的销售成果，构建好的能量场非常重要。

（2）简略交易的流程

千万不要把企业内部的管控体系变成客户烦琐的流程，这是营销的大忌。你看在办银行卡的时，工作人员都会给你递个单子，说，您在这签个字就可以了，上面的内容都是一样的。当然内容中有很多可能对你不利的条款，但他只告诉你在哪里签名就可以了。所有的保险业务员在卖保单时，都说，你的主要核心条款在哪几项，这个重点看一下，其他的我们都是统一格式，您在那签个字。

我想要表达的意思是什么？

手续越简单，离成功越近；手续越繁琐，离成交就越远。

一般的写字楼，为了保证成交率，怎么做？一般都是先谈得差不多后，签个意向协议。意向协议中基本就是约定一下租赁的面积、租金、所赠送的时间和付款的方式，各种违约以及限制性的条款都不会在这里。等你交了定金之后，再谈正式协议。谈正式协议就牵扯很多条款，由于你提前交了定金，一般不会轻易退掉。

这种情况下，就比较容易达成。也就是，让前面的程序变得简单，增加成交的几率。如果一上来就谈完整的协议，十几页的协议，最后的结局就难签约了。

千万不要忘记：客户买单是痛苦的。所以，我们要给客户便利，增加他快乐的力量，让他在不知不觉中、在快乐的感觉中，缔结合约，这才是明智之举。

作业实操

1. 如何运用"4C+3R"的营销战略导航？

_____

_____

_____

2. 如何在公司进行营销测试？

_____

_____

_____

3. 如何统一公司的营销范本？

_____

_____

_____

4. 如何全员模拟实操训练？

_____

_____

_____

5. 如何创造最有利的营销场能？

_____

_____

_____

第二节　如何运用卓越营销系统驱动增长

两位信仰耶稣的教徒，一位教徒跟神父说，我可以在祈祷的时候抽烟吗？神父说，当然不可以。另外一位想抽烟的教徒说，我抽烟的时候可以祈祷吗？神父说，当然可以。

听完这个故事，我们会发现，两个教徒的目的是相同的，就是抽烟，只是表达的方式不同，产生的结果却大相径庭。可见，路径不同，结果相差万里。一个卓越的营销系统必须从路径设计开始。那怎么样打造卓越的营销系统呢？

1. 画好你的营销路径图

营销路径如何设计？如何让开头有吸引力，中间有说服力，增加客户信赖，最后成交的时候促使客户采取行动，马上做出决定，这需要一个很好的路径设计。无论是面对面营销、电视营销、文字营销、视频营销，还是音频营销，不管哪种营销场景，还是营销接触点，都可以使用营销路径。

在过去的二十多年，我不断实践、总结和升级，形成的"营销路径图"可以在各种不同的营销场景和营销模式下使用，非常有效。希望每一位读者朋友能够用心体会、并实践，一定会在你的企业当中创造意想不到的成效。

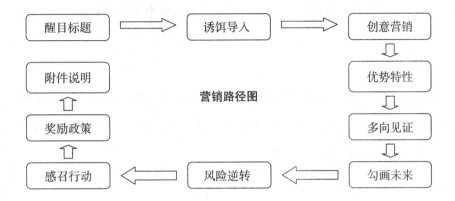

(1) 醒目标题

所有的消费者都是由感性开始，先下结论后观察。因此，你的营销是否有一个醒目的标题，能吸引人的注意力，能让你的产品或服务进入客户的视野中。

(2) 诱饵导入

你要吸引什么样的客户，用什么样的方式让客户进入到你的节奏，进入到你的世界，进入到你所推广的产品当中。

(3) 创意营销

诱饵下下去了，并不意味着你马上就要开始销售，通常优秀的营销需要一个创意，以此来激发顾客的好奇心和参与感。即，不能一开始就直接推广产品，要有一个创意。这种创意能激发他的好奇心，引起他的注意力，让他有参与感。

(4) 优势特性

产品的优势特性是确保客户愿意为之付钱的理由。当客户有兴趣了解你的产品，对产品有认知的需要时，你要告诉他：产品有什么独特价值，有什么不可替代的地方；如何让客户能够相信你，这个价值能给他带来的好处。

（5）多向见证

无论是传统营销，还是互联网营销，客户对产品和服务的见证，都是对新客户最好的成交推动。我们可以找一些名人、普通人，谈一下他们亲身使用产品的感受，建立客户的信赖感。

（6）勾画未来

客户会考虑，你介绍的这个产品，我要不要买？这时你再勾画一下好处。比如，卖减肥品的，告诉他如果使用你这个产品三个月，身体会变成什么样子，让他想象这样的场景；卖护肤品的，告诉他使用这个产品后，她的肤色将发生什么样的变化；她在工作中、生活中会带来什么样的吸引力。总而言之，勾画一下未来。当人进入一种使用产品之后勾画的未来场景中，会拉动他购买的情绪和动力。

（7）风险逆转

很多人会想象购买这个产品之后所带来的好处，同时也会担心，如果没有说的这么好，怎么办？这时做一个"风险承诺"，比如，使用了产品，没有描述的这个效果，可以全额退款，这就叫风险逆转。

风险逆转有三种形式：部分退款、全额退款、全额退款＋额外奖励。

我对我的明星课程《总裁执行风暴》就做了风险承诺：只要不迟到、不早退、全程参加，若不觉得课程物超所值，达不到"庆幸来对，后悔来晚"，就无条件全额退款，并且额外奖励 2 万块钱的产品。这个承诺十几年了，到目前为止，无一人申请退款和奖励。

也就是说，如果产品真的过硬，真的有底气，能做"风险逆转"，绝对可以打消客户的顾虑，能让他尽快做出决定。

（8）感召行动

在"风险逆转"后，排除了担心和犹豫，他会不会立刻下单？在营销路径设计上还要增加一项，这一项尤为重要。为什么？因为即使当顾客排除了所有的犹豫，人在买单时，在付款那一刻都是痛苦的。所以，你需要做一个很重要的行动，就是"感召行动"。而且不仅感召他立即行动，告诉他能带来的好处，同时要特别强调，不行动将带来的损失。

（9）奖励政策

告诉客户，如果今天能做出决定，我们有一个特别的优惠政策……如果你能给他一个奖励政策，他为了获得奖励政策，基本上就能下订单了。

营销进程不要等到下一刻，下一刻叫"变故"。

到了这一步，基本上成交率就大大提高了。

（10）附件说明

可能有的顾客没有听清楚，或者有的顾客在知道能给他带来什么样的好处就决定购买了产品，但有时候他对产品的清单明细不是特别了解。所以你给他做个附件说明，也便于给客户服务，给客户一个很好的价值传递，同时也是避免引起不必要的节外生枝，如在付款过程中或付款后，形成隔阂与争议，继而影响客户的价值体验。

　　这十个步骤加以使用，必将带来奇迹般的业绩增长。每次《总裁行销风暴》课程，学员都会在课程上根据"营销路径图"现场分组，实操演练。每个小组成员分别拿出100元钱作为小组的启动资金，开始售卖自己的产品，最终按业绩的高低进行小组排名。

　　印象深刻的是一次《总裁行销风暴》课程中的亮剑队，他们组在现场获得了第一的销量，卖的产品是烧水、保温、喝水三合一的一个杯子。

　　亮剑队的开场就非常有吸引力，标题叫《烧水壶之伤》。导入方式是什么呢？组长说，"不知道大家有没有了解过，我们每一次出差时，所住酒店的烧水壶都烧什么？"他列举了很多媒体的报道，有煮毛巾的，有用来煮袜子的……

　　在这么惨的一个状况之下，我们以为是卖烧水壶的。其实不然，他引导我们如何来应对每次出差时这种状况不发生在自己身上，那就是他们推出了一款革命性的产品——产品优势特性就是"烧水 + 保温 + 喝水"三合一的杯子，不仅安全、轻巧，还很美观。因为我们无法带烧水壶到处走，而这就是一个水杯，可以喝水，可以保温，也可以烧水。

　　他让现场学员提前试用，采访了大家试用的感觉，就是"多向见证"。之后，他开始勾画一个未来，说，一个杯子给你每一次安心的旅途，一个杯子给你一种本该拥有的健康生活方式。

　　同时，他还做了"风险逆转"，如果使用不满意，可以全额退款，并且进行了感召，这是一款革命性产品，不可多得的产品。他特别标注一点，本品有个最大的缺点，就是货源紧缺，每人限购一个。现场特别推出订购的奖励政策，现场购买奖励云南大理银元宝一块，同时水杯免费刻字，等于就是个性定制的一款水杯。

为什么它的销量第一？为什么它能抢占注意力？为什么能触动客户购买？任何产品的营销，都可以使用"营销路径图"，不管是微信营销、视频营销、1对1营销，还是招商会营销，只是转变一下不同的形式，但是营销的路径，只要使用这个方式，都可以带来很好的业绩增长。

2. 卓越营销的 5 大驱动

为客户创造价值，实现与客户的交换，并最终获得销售收入和投资回报的营销系统，受企业内外部环境多方面的影响。一个优秀的卓越的营销系统，能把个人的营销上升到社会价值的创造，能把企业的营销上升到社会价值的贡献，从社会价值的驱动，到团队风采的驱动。如果能有这样的驱动力和感召力，一定会对你的业绩产生强有力的驱动。具体我们可以从 5 个方面来驱动。

（1）企业文化驱动

企业文化是一个企业的灵魂。没有企业文化的企业，就像沙漠没有绿洲一样，旅人在那里行走，肯定感觉很干渴。优秀的企业文化，是一个企业最宝贵的无形资产。企业文化是一种自然的影响力。它可以悄无声息地、润物无声地影响到团体的组织行为和团队的整体思想，以及总体的人文价值观，它是一种非商业的却能够起到商业推动价值的重要理念。

一般企业文化主要从四个维度来制定：

①使命

使命是一个企业最大的原动力，也是一个企业存在的最大理由，即企业存在的价值和意义是什么？卓越的企业都不是以赚钱为导向，而是以使命感为导向。以赚钱为导向的企业，因为赚到钱而得到物欲的满足，会很快失去动力；亏了钱又会因为物欲需求的失衡，容易选择放弃。故以赚钱为导向的企业，就没有持续发展的动力基因，而以使命感为导向的企业，不管企业是盈利还是亏损，它都能找到超越金钱以外的目的和继续存在的理由。正因为如此，使命感是企业持续强大的动力基因。

一个具有使命感的企业，可以从四个角度去践行存在的价值和意义。我把它定义为"四度原则"，即：为客户提供最大的价值（价值度），为同仁创造最大的空间（空间度），为股东带来最大的回报（回报度），为社会做出最大的贡献（贡献度）。

②愿景

企业要成为什么？能够跟你走得最远、最久的同仁，不是待遇最好的，也不是职务最高的，而是最相信企业愿景的人。所以，企业必须有一个非常清晰、独特、能够持久的愿景。而且这个愿景还要明确它与同仁的关系——同仁为什么要努力实现企业愿景，企业实现了愿景他们能得到什么？愿景设计有五个非常重要的关键词。

第一，清晰。愿景越清晰越准确，就越能让同仁感觉这个愿景是可以看得见的，摸得着的，而不是一时的豪言壮语。

第二，持久。愿景不能轻易更改。如果你轻易改动，那些本来相信你愿景的人，也就不再相信了。那些原本不相信你的愿景的人，就更加不相信了。

第三，独特。你的愿景绝对不能是抄袭对手的，也不能是跟在对手后面跑的。如果你们的愿景和同行一样或相似，会让人觉得你的公司是一个没有创新、没有活力、没有前途的公司。

第四，服务。也就是说，一个企业要服务于什么群体，到底能为什么人创造价值，必须非常明确。一个企业不能满足所有人的所有需要，也不能满足一部分人的所有需要，而只能满足一部分人的一部分需要。

第五，关系。这是指你所设计的愿景和你的同仁有什么关系。如果愿景和你的同仁没有什么关系，他心里会想："就算你成为中国第一名，成为中国 500 强，成为世界 500 强，和我又有什么关系呢？我在这里面是什么样的角色呢？反正和我没什么关系，你干你的，我干我的，我能混一天是一天。在这里每干一天，你给我一天相应的报酬就可以了。"就这样，你会发现，你无法激发更多的人涌入到你这个团队中来。

③价值观

价值观可以说是一个人为人处事的指导原则。一个企业的价值观，一般就是企业创办人价值观的延伸与升华。企业团队知道什么可为、什么不可为，有自己的商业准则，有自己的道德底线。如果把那些认同你，符合你的价值观的同仁都汇集到你的企业当中，你想不成功都难。

④辅助理念

这是企业在"营销理念、用人理念、管理理念、执行理念"等各种理念上的要求。如果这些理念在组织中能践行并且坚守，就是很好的营销。因为你是值得托付的企业，是值得客户信赖的一家组织。

世华使命：引领社会企业家造福世界。

世华愿景：成为中国企业家教育的引领者。

世华价值观：专注，聚焦目标，做到极致；负责，主动承担，拿到成果；高效，迅速响应，成果提前；感恩，惜恩客户，薪火相传。

除了世华的企业文化，很多学员也请我为他们的企业提炼企业文化。让我印象特别深刻的是宁波贝发集团的邱志明邱总。

贝发集团是北京 2008 奥运会、上海 APEC 会议、第九届金砖五国峰会、第十一届 G20 峰会等高端会议官方指定签字笔供应商，主营文具、文体、文化类产品及服务，以笔类产品制造为核心，是中国最大的笔类产品出口商。当年，邱总投资 60 万人民币请我给他的企业做企业文化咨询。我根据贝发集团的发展和产品，对它们的使命、愿景、价值观、所有的辅助理念都做了一个系统的设计。

当初为他们提炼的使命是"为中国文具享誉世界而孜孜以求"，愿景是"成为中国文具供应链运营商第一品牌"。通过这样的使命，把贝发拉升到一个超越于自我的企业发展模式，上升到行业代表，在文具领域中，在世界范围内，为赢得尊重而贡献自己的力量。

后来贝发在安徽得到了政府很大的支持，创建了中国文具产业园，得到了社会各界的响应和力挺。

之所以文化能产生这样巨大的驱动力量，就是任何消费者都愿意去选择有使命感的企业。他们在选择产品时，不仅产品本身能给他们带来价值，而且他们会觉得在支持这些有使命感的企业、在消费产品时，也在消费自己的价值观、精神追求。这种拉动的力量远远超越产品本身，形成卓越营销的巨大驱动。

（2）垂直定位驱动

在前文，我多次提到垂直定位。一定要成为某方面的顶尖，成为某个细分领域的第一。

我们要做专家，不要做杂家。杂家 = 质疑，专家 = 信赖。

为什么生意越来越难做，竞争越来越激烈？为什么越来越没有市场空间？是源于太多人追求表面的繁华景象，贪大、求多，导致咬不住啃不烂，不仅没有给客户带来极强的价值体验，同时自己的优势和资源又被分散，最后一无所事、一无所成。所以，我们必须要做的是断、舍、离。

只有"断舍离"，才能"专精深"；只有"专精深"，才能给客户带来超强的价值体验，形成良好的口碑，让自己有一招制胜的功力，产生与对手抗衡的能力，这样才有可能创造卓越的营销结果。

西安宝马装饰企业的戴总是陕西华友会的会长，同时也是我多年的学友，他的企业三十多年来一直从事装修行业。他刚走进世华时，我问他，你是做什么装修的？他说，基本上装修都能做。我问，你主要做什么装修呢？他说，主要做公装。我说，在公装装修中，你主要是做什么的？他说，公装装修基本上都可以做。我说，你哪一个做得比较好？他说，金融领域、写字楼方面、通讯领域做得比较好。我问，哪一个做得最好？他说，金融领域做得最好。我说，占了企业多少营业额？他说，占了80%。

戴总告诉我："姜老师，之所以我们在金融领域这块做得比较好，很重要的一个原因，就是我们运用了一些智能化的设备。因为，金融领域的装修对智能化的要求比较高，我们在这方面具有一定的优势。所以，您看除了专门聚焦在金融领域之外，还有没有别的地方'有垂直性定位'的价值？"我说："还有一种方式，就是'借势'。既然你的企业在智能化方面做得比较好，你直接把企业定位为'智能化公装专家'。如果你担心智能化的发展中，别人也是智能化公装专家，你就在前面加'高智能公装专家'。"

后来，经过细分化、垂直性的定位，我把他的企业定位为"宝马装饰高智能公装专家"。首先，第一个特性是智能化，是高智能；第二个是公装专家。让他们在公装这个领域，往深里做，让"宝马装饰"在这个细分品类中做到极致。同时，把金融领域的公装作为具体品项，进行强化。这样宝马装饰就会越来越好。

每一个企业领导者必须明白，"垂直性定位的驱动"就是让别人知道你的产品或服务定位高度的精准、聚焦，是这个方面的专家。只有这样，才能产生更大的营销驱动。

（3）社会价值驱动

2015 年，安南先生出席"全球社会企业家生态论坛"，我有幸与安南先生进行深度交流，并带领安南先生参观"北京华夏管理学院"。他说了一句话，我印象很深刻。他说："任何一个商业都不可能在失败的社会中成功。把企业的价值，整个社会的利益有效地平衡和链接时，企业才有更强大的生命力。"马云先生也说："你为社会解决的问题越大，你创造的社会价值就越大，企业未来的收益就会越大。"

一个企业变成社会型企业，是未来最有生命力的企业；如果你是一个社会企业家，未来将是最具有感召力的企业家。

"社会企业家"最大的特性是什么？

社会企业家经营企业的焦点不是利己而是利众，一切是为社会创造价值从而实现自我价值，企业不是个人的，企业家只是引领企业践行使命、担负责任播撒大爱，将个人的事业、利益、价值和意义上升到社会的事业、利益、价值和意义。

社会企业家通过解决社会问题，创造社会价值而变得有社会意义，从而产生社会能量，聚合了更多的社会财富，整个企业和个人也就拥有了财富。

一个卓越的营销，就是能把个人营销上升到社会价值的创造，把企业的营销上升到社会价值的贡献。

当你的企业有这样的驱动力和感召力，一定会对业绩产生强有力的驱动。

（4）团队风采驱动

团队风采如何驱动营销业绩的增长？

卖人品比卖产品还重要。如果人品很好，产品也差不到哪里去。所以，如果你的团队专业度很高，过去成果的记录比较好，有良好的精神品质，同时故事特别能让人产生信赖，就能对业绩产生很好的驱动。

以方太企业为例，他们倡导的价值观是"人品、企品、产品"三品合一，所倡导的使命是"为了亿万家庭的幸福"。方太之所能成为家庭厨房的第一品牌，其两代创始人所带领的整个团队，其人品之珍贵，让客户产生了很多的信赖。

十几年前，方太厨具的创始人茅理翔老先生邀请我到他的企业上课，有缘结识了方太企业。后来，我创办免费大学，陕西卫视邀请我做一档节目《三问免费大学》，茅理翔老先生跟我一起做了这个节目。当时，电视台给我们发了一个红包，茅理翔老先生全部转给了免费大学，并一直关心支持免费大学的发展。后来，茅忠群先生接任方太董事长，我与他依然保持良好的关系，并邀请他担任"全球社会企业家生态论坛"联席主席。

在我带领华夏商学院的学友们去参观方太时，整个过程，方太并没有做任何关于产品的销售和宣讲，但学友们在参观完之后，都非常乐意选购方太产品。为什么？

这里有两个小细节。第一，就是方太的很多员工，哪怕是送货员，在送货过程中，如果不小心把别人的车刮了，联系不上对方时，就会一直在那里等着。等到车主来时，主动提出赔偿，表示歉意。

不要忽略这些细节，这是企业对人品、对产品的持续价值观的影响，对整个团队精神的持续教育，最终产生的认知。就像上面这个事件，方太员工的主动承担，就是很好的形象展示，即"人品即产品"。

还有一个细节，就是茅总和他所有的核心团队成员，共同修行的"五个一"工程，即"立一个志、读一本经、改一个过、行一次孝、日行一善"。不要小看了这"五个一"，如果人人能践行，我相信，整个组织、整个团队都能志向远大，脚踏实地做好每一天，一定可以变得更好，同时也能引发客户和关联伙伴更好地去响应，产生更多的链接。

（5）无形力量驱动

吴京主演的《战狼》为什么火？其中一个关键原因就是，电影上映那天是"八一"建军节。也就是说，这个节日所产生的情绪带动是非常重大的价值，而且超越产品本身的带动。因此，要想产生无形力量驱动，我们可以从以下几个方面着手。

①节日的力量

过节过的是什么？过的是情、是义，带动的是人的情感，这是一个很大的营销氛围的感召力。因此，要好好把握这种无形力量的驱动，把握好每一个节日，比如，父亲节、母亲节、教师节、情人节、国庆节、春节、"双11"、"618"等。

②情谊的力量

老乡情、兄弟情、战友情、同学情、民族情等，这种情谊，这种情怀，也是可以产生无形驱动的力量。

比如我家乡的品牌——信阳鸡公山酒业，他们就特别推出了一款酒叫"信阳名片"。我相信这对所有信阳人，所有对信阳有情感的人，都是一个很好的驱动。那些从信阳走出来的人，都愿意成为信阳的名片，也都愿意喝"信阳名片"酒。鸡公山酒业董事长朱正耀先生不仅是我的老乡，也是我的学员，这种情谊的驱使下，我也愿意成为"信阳名片"的推荐人。

从 2017 年开始，鸡公山酒业以每年 50% 的速度持续增长。这其中很重要的一个关键，不在于区域的大和多，而在于形成乡情的链接，其实就是一种无形驱动的力量，创造了更大的市场份额，产生更好的业绩。

还有河南的"仰韶酒业"，董事长侯建光侯总从 2010 年到现在，累计带领 110 名企业核心及高管参加《总裁执行风暴》等课程，并接受一系列的咨询。我们相识之后，他跟我说，"姜老师，我打算到华东做品牌推广，打开华东市场。因为华东的消费能力比较强，正符合我们推出的高端系列产品。"当时，我就跟侯总讲，"河南人口上亿，只要把河南市场做扎实了，把河南乡情酒做好了，一切都会变好。建议把时间、精力、资源、资金，全方位聚焦在河南，甚至可以分先后顺序，先找到一个客户基础、渠道基础，资源最强劲，同时又是对手最薄弱的地方，来聚焦、突击市场。"

后来，他们经过对比分析后，发现郑州是他们最强势的市场，就把所有的资源力量聚焦，把郑州市场做到第一。2011 年营业额 1.6 亿，到 2012 年就做到了 5.1 亿。一年的时间，业绩增长了三倍以上。到 2013 年做到 7.5 亿，2017 年做到了 11.2 亿，2019 年突破了 20 亿，连续七年时间增长了 30%。

为什么仰韶酒业可以获得如此傲人的成绩？这种聚焦区域市场，这种乡情、同学情，各种情谊的链接，都形成了很大的力量。

因此，我们不仅要注重产品本身的价值，同时也要结合无形的力量产生驱动。像"非常可乐"的广告语叫"中国人自己的可乐"；"飞鹤奶粉"是"更适合中国宝宝的奶粉"……这都是用情谊的力量来带动销售。因此，想想看，你的每一款产品和每一个业务，能不能通过拉动"情和义"的力量产生很好的驱动销售。

③善因的驱动

行善不一定马上有善报，但是恶开始远离；作恶不一定马上有恶报，但是善开始远离。如果我们能去不断地行善积德，帮助更多的人，对整个事业的发展以及整个业绩的增长，一定会产生很好的帮助。

"5·12地震"时，"王老吉"企业在没有很高销售收入的情况下，捐赠了一个亿。当时，消费者就喊出了"要捐就捐一个亿，要喝就喝王老吉"的口号，甚至网友在网上发布"封杀王老吉"的各种言论。很多人不解说，"王老吉"捐了那么多钱，为什么还要封杀他？点进去一看，封杀的方法是，只要"王老吉"一上柜，全部把它买光、买空，用这种方式进行封杀。

在那段时间，不仅各个商场、超市热卖"王老吉"，全民抢购"王老吉"，连茶社都不卖热茶，只卖凉茶"王老吉"。"王老吉"的销售额从几个亿破了十个亿，最后破一百亿，最高纪录一年超过二百亿的销量，是中国市场唯一超越可口可乐的饮料。

"王老吉"为什么能取得这样的销售奇迹？很重要的一个原因就是"善因的力量"。2009年"中国扶贫基金会"召开的"表彰新中国六十华诞六十个爱心榜样"时，当时"王老吉"的负责人和我在一起交流，他也是非常相信善因的力量和善因的驱动。

有一个人，我越走近他，越敬佩他；越了解他，越相信善因的力量。这个人就是曹德旺先生。从当初在北京电视台一起做点评嘉宾，后来邀请他来参加"全球社会企业家生态论坛"，到北京华夏管理学院参访，一路的交流，他的人品和言行都让我无比的敬佩与感动。

曹德旺先生是一个虔诚的佛教徒，非常相信善因的力量。"5·12地震"，他捐款2000万元人民币；2009年，西南干旱，他捐赠了2亿元人民币；2010年，玉树地震，捐款一个亿；2020年疫情，再次捐赠一个亿。更重要的是，他把曹氏家族70%的股权拿出来成立了"河仁基金会"。

"福耀玻璃"被评为"全球最具竞争力的中国50强"，同时也被评为"未来最具成长性的A股"上市企业。从2010年到2018年，8年时间，"福耀玻璃"的营收联合复增长率达到11.81%，净利润的复合增长率达到了9.64%。为什么福耀玻璃能在中国乃至世界范围内获得巨大的影响？为什么曹德旺的故事被拍成《美国工厂》，并且获得了大奖，得到了奥巴马总统特别的青睐？之所以能取得持续增长的奇迹，就是他种下了"善因"所获得的福报，大家要永远相信"人性本善，人性向善"。

今天，企业所有的思维方式、运作模式，一定要向善，与人为善，为人要正，不管是对待朋友、客户、合作伙伴、股东，还是家人，乃至社会上的陌生人。

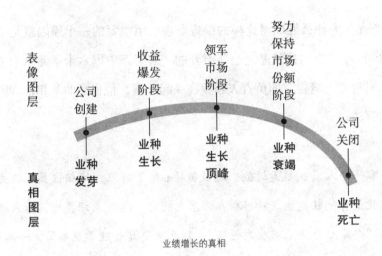

业绩增长的真相

企业如何有更好的业绩、更好的增长？

表象是公司创建，其实是你的业种在发芽；表象是到了收益爆发的时候，真相是你的业种在生长；当企业处于市场领军阶段，真相是你的业种生长到了顶峰；如果你努力地维持市场，这是一种表象，而本质是业种开始衰竭；如果公司关闭了，真实原因是业种已经死亡。

希望每一位读者不断种善因，多做利他人，利众人的事情，必将得到更好的福报，创造更好的绩效。

作业实操

1.如何设计新的营销路径图突破业绩？

_____

_____

_____

2. 如何用文化的驱动能够产生更好的业绩？

_____

_____

_____

3. 如何运用垂直定位增加客户的信赖和认知？

_____

_____

_____

4. 如何做好社会价值驱动？

_____

_____

_____

5. 如何做好团队风采的驱动？

_____

_____

_____

6. 如何做好无形力量的驱动？

_____

_____

第七章

升级组织竞争力
系统

组织设计需要系统地考虑影响系统竞争力的各项因素，最终目的是提高企业总体竞争能力。那组织要建立一个什么样的特性，才能在未来让企业更有生命力，更有竞争力？有倒闭的企业，很难有倒闭的产业。那些有竞争力和生命力的企业，主要来自两类，一类是产业公司，一类是技术公司。你属于哪类？

第一节　如何构建最具竞争力的组织特性

特性，就是在某一点上有特别的地方。如果产品有特性，就会有一种独特的价值；如果文化有特性，就会有一种独有的精神；如果组织有特性，就会有一个超强的能量场。

1. 自上而下贯通"四品"

组织的特性，我们可以从"四品战略"来打造。

何谓"四品战略"？即，品牌、品类、品项、品质，四品合一的战略。

四品战略的核心是"品质"。

品质是底盘，品质是根基！

只有品质第一，才能托起品项第一；

只有品项第一，才能托起品类第一；

只有品类第一，才能托起品牌第一！

四品战略

"四品战略"最大的特点是什么？从上往下要贯通，自下往上要一体。

一个品牌有没有含金量，不在于有多少人知道，核心关键是在某一个品类中成为第一；要成为某一个品类的第一，核心关键是能在某一个具体的品项上做到极致，才能支撑这个品类；如果要想把品项做到极致，最核心的关键就是品质。

想成为第一品牌，核心是能在某个品类中，有凸显的影响；透过品项能托举这个品类，再由这个品质支撑品项，再由品项支撑品类，品类再支撑这个品牌。

当谈到"品质是底盘，品质是根基"时，让我想起了张瑞敏先生。张瑞敏从青岛电冰箱厂开始，用十几年的时间，带领青岛电冰箱厂从亏损147万，到年销售额突破上千亿；从上班迟到，下班早退的团队，转变为敬业报国、赢得社会尊敬的明星团队。这个过程中，张瑞敏砸冰箱的事情，想必大部分读者都知道。

当时，因为产品质量不过关，张瑞敏痛下决心，一定要从品质上下功夫，真正把海尔品牌打造出来。当时有76台冰箱不合格，张瑞敏决定把这批冰箱砸掉。真要砸的时候，车间主任还有很多生产工人说，不要砸了，我们把它买下。哪怕回头从工资中扣，我们都愿意。那时候，每个人一个月只有几十块工资，一台冰箱能抵他们几个月甚至半年的工资。

76台的冰箱，价值二十几万，张瑞敏还是抡起了大锤把冰箱砸了。并且说，谁生产不合格的产品一起砸，只有砸了，心里流血，才能长记性，才能砸掉海尔同仁对品质麻木的心。因为这次砸冰箱，彻底砸醒了沉醉中的海尔的伙伴，激发了他们对品质捍卫的精神。

要成为第一品牌的核心，就是要重点打造一个品类，在品类中打造一个品项，在品项中把品质做到极致。只有真正明白了最核心的关键，才会把"四品战略"实施到极致。

如何推进四品战略呢？这里有四个原则：

第一，牺牲原则：没有取舍就没有凸显；

第二，简洁原则：极致简单，易记易懂；

第三，第一原则：要么第一，要么放弃；

第四，坚守原则：朝令夕改必杂乱无章。

四品战略可以说是战略中的极致，保持四品的一致性，相互支撑，相互托举，环环相扣，才能有战略性增长，产生战略性价值，拥有战略性意义！

企业组织中，要建立什么样的特性，未来才更有生命力，更有竞争力？根据四品战略，可从四个方面的打造特性：专一性、工匠性、技术性、社会性。

2. 不要低估了专一的力量

客户凭什么去感受你的战略？再好的战略，客户是没有兴趣去听去看的。他只通过一个地方来感受，就是接触点。什么接触点？当客户接触到你的产品和服务时，他就知道这家企业是不是一家好企业，是不是有一个好的战略。

客户如何知道的？你给他提供的价值来自产品的专一、专注、专心。所以，一个组织未来要有生命力、有竞争力，千万不能做多、做杂，做很多宽度的事情，而是要做少、做精。宽度都是成本，等于在挖坑。而如果做深度，在一个口子里一直挖下去，挖出来的就是井，，未来就会产生源源不断的价值，这是专一性组织的基因。因此，我们不是做三件事、五件事，而是能够用三倍、五倍的力量，来做一件事情。

为什么要打造专一性的组织？在竞争如此残酷的时代，客户面临着诸多选择，同时对手又无比强大，我们的资源又非常有限，唯一能做的就是专一、专一、专一。

只有一，坚持一，才能成为第一！

有这种思维认知和信念，拿出头拱地、出绝活的敬畏心，才能真正成为在未来具有强大生命力的组织。

只有根往下扎得深，树才能长得高。当这棵树不再去炫耀枝繁叶茂，而是深深扎根于土壤时，才真正地拥有深度；当一棵树不再去攀比与天空的距离，而是强大自己的内心时，才真正地拥有高度。同样，当一个人和一个组织，焦点在内，持续往深里扎时，才真正强大，真正成熟起来。

"春兰空调"和"格力空调"都是早年比较知名的品牌。最初，春兰空调的影响力和市场占有率比格力还要高。但是，后来春兰在做空调的同时，又进入摩托车、汽车行业，从"专业性组织"变成了"多元化组织"，最后慢慢失去了竞争优势。在这个过程中，春兰分散了时间、精力和资源，同时团队的心智和焦点也分散了，导致整个竞争力被弱化、被分散。

而格力空调，几十年如一日，在董明珠的引领下，持续打造一个硬核的专一性组织，并提出了两个非常重要的精神主张，"掌握核心科技"，"让世界爱上中国造"。格力不仅具有典型的专一性组织特性，而且把"技术性"的组织特性和"民族性"的社会特性也植入到团队中，对团队就具有强大的推动力量，其组织的生命力和竞争力就会变得更加强大。所以，就造就了"格力"成为这个领域中的第一，以及世界 500 强。

"专一性的组织"在未来才有更持久的生命力和竞争力。只有专一性的组织，团队的心力才能集中，能量才能爆发，才能够形成更大的竞争优势，创造更加持久的业绩。

3. 工匠精神的四维一体

谈"工匠性"时，我首先想到的是德国的"工匠精神"，当然"工匠精神"在中国也得到了很大的推广。2017 年，《政府工作报告》就把"企业家精神"和"工匠精神"双双写入了报告，要不断在中国推进"工业 4.0 及工匠精神"。

德国是全世界在职业教育方面做得最好的国家。他们把理论性的学校变成了应用型的学校，有很多大学跟企业紧密结合，无缝对接，形成"学校＋工厂"，"工厂＋学校"互为一体的驱动。整个德国的实用性人才从早期教育，中期教育，到后期教育，都是一体化。

德国第十任总统武尔夫先生参访北京华夏管理学院时，我在跟他交流的过程中发现，德国最重视的教育是应用型、实用型的教育。他说，德国很多成功名人，包括德国前总理施罗德先生，14 岁时就当经商的学徒，不断锻炼，一路成长，最终成为德国总理。武尔夫总统还举了很多德国成功的名人例子，其实他们很多人并不一定上过大学或者名校，而是通过职业教育和职业技能方面的培训。

我们还谈到了"企业的工匠精神"，他说，在企业，不管哪个层级，哪个岗位，在企业的工作中有一个很重要的特点，就是要把理论、学习、实践、技能，四维于一体。

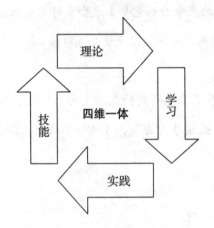

让"工匠精神"在企业中很好地实践落地，创造价值，最简单的方式就是"学习工作化""工作学习化"能形成一体。这样组织的特性必将对整个企业的发展产生一个有效地推动。

我对"工匠"特点的理解，可以用四个词来表达：

（1）科学：用系统化的体系和流程，把一件事情做得更好。

（2）艺术：在做一个事业、产品时，把它当成是一件艺术品去打造，而不是简单地把它赶紧做出来卖钱。

（3）匠心：指精巧、精妙的心思，本质上是创新之心。成语中的匠心独运或独具匠心，指的就是这样的灵敏独到之心。失去匠心，工匠就沦为庸匠。匠心需要一种忘我投入的状态，在产品打磨的过程中，能完全置身其中、享受其中。

（4）信仰：是人们对事物怀持的或投射在事物之上的积极、崇高、富有正能量的情感与态度的总和，是灵魂深处对事业、产品的神圣感、敬畏感。

如果团队组织中，能用"科学、艺术、匠心、信仰"去做一件事情时，那这个组织的特性将是无比强大的。

100 分不是目标分，而是起步分。

我国中小型企业的平均寿命只有 2.5 年，集团企业的寿命只有 7-8 年。每年我国约有 100 万家中小企业倒闭，平均每分钟就有 2 家企业面临死亡。为什么很多企业活不长？

蚂蚁寿命短，因为它心跳比较快，每分钟跳一千多下，所以寿命只有几十天。人，一分钟心跳 60 下，寿命有几十年。鸡一下蛋就到处叫，告诉别人我下蛋了；而龟下蛋之后，从来都不叫，因为龟心里很清楚，我要下几千年的蛋，这几个蛋算什么，也就是说龟很淡定。

往往慢就是快，快其实就是慢。

做企业也是一样，往往想快，盲目地快，恶性地快，那就短命；当企业能坚守战略性的慢，能为了持续性的"快"知道什么该做，什么不该做，真正把做的产品、事业，上升到科学、艺术、匠心和信仰上面，组织生命力也会比较强。

让我特别触动和难忘的一件事情，就是 2017 年我受法国总统萨科齐先生邀请，去法国和意大利进行访问。当我在法国、意大利看到一座座建筑、一件件艺术品时，有一种穿越时空的感觉，发自心底的震撼无法用言语表达。

排名世界前十的大教堂，前三大都在法国和意大利。当我听说一座教堂的一扇门，需要修 27 年时，我说不出话了！各位读者，你们知道米兰大教堂从开建到建好用了多长时间吗？是 6 个世纪，600 年的时间，这让我无比的触动。有人可能说，这个工程交给我来做，6 年就能把它建好。我想说的是，6 年建好了，但是 60 年后就被拆迁了。为什么这里的一个教堂、一座建筑，能给人带来灵魂的触动和牵引？因为他们真正上升到了信仰，上升到了艺术，才能产生这么强大的力量。

在萨科齐先生家中交流时，他有一句话让我特别难忘，他说："任何伟大的品牌之所以强大，是因为这个品牌把它的理想和信仰植入了产品之中，否则不可能有长久的生命力。"我细细体会他所分享的，背后的关键是，伟大的企业，伟大的品牌，伟大的产品，一定是有伟大的理想和信仰植入了它的产品和企业之中，成为它的精神和灵魂。如果没有精神和灵魂，所有产品和企业的生命力都是有限的。

希望各位读者，能够以科学为系统，以艺术为品位，以匠心为力量，以信仰为指引，打造一个以慢为久的工匠性组织，相信我们一定可以走得更远，也可以走得更好。

作业实操

1. 如何引发全员高度关注品质？

_____

_____

_____

2. 如何打造专一的组织基因？

_____

_____

_____

3. 如何打造工匠性的组织基因？

_____

_____

_____

4. 如何能够运用科学、艺术、匠心、信仰的力量驱动组织升级？

_____

_____

_____

第二节　如何构建最具生命力的组织特性

未来，最具有竞争力和生命力的企业，主要来自两类：一类是产业企业，一类是技术企业。随着竞争化的加剧，流程化、系统化和体系化的竞争特别重要，但是更为重要的是技术的竞争。高科技的企业会产生一些颠覆式的驱动，它的整个竞争力和生命力会变得更加强盛。

1. 世界上最小的超级大国的启发

为什么以色列被誉为"世界上最小的超级大国"？以色列人均 GDP 达到 4.1 万美元，并且赚取了全世界 30% 以上的财富，被誉为"世界创新技术工厂"。在全世界的上市企业中，排名仅次于美国，创新的高科技企业数以万计，居世界第二。

让我印象特别深刻的是，以色列地处干旱沙漠地区，又是全球人均水资源最贫乏的国家之一，但却具有极其发达的现代农业，其农产品大量出口，占据了 40% 的欧洲瓜果、蔬菜市场，被誉为"欧洲果篮"。以色列农业发展如何突破资源环境限制？创造"农业奇迹"的秘诀何在？

我在以色列参访的时候，发现无论是在以色列的田间地头、果园，还是城市的公园、绿地或路边的一棵树，都铺设着滴灌系统。以色列的滴灌系统就像人体的血脉一样，布满了这个国家每个角落。干旱缺水是以色列农业生产的大敌，因此"节约每一滴水""给植物灌水，而不是给土壤灌水"成为以色列农业的重要准则。

滴灌的效益是惊人的，传统浇大田的方式，85% 的水都是白白蒸发没有被作物吸收，而地表滴灌可把水的利用率大幅提高到约 80%，而地下滴灌可提升到 95% 以上，基本上是不浪费水。

在以色列，我们还专门参访了滴灌技术的企业，对技术型企业有了很深切的感受，包括到威兹曼研究院参访时，了解到威兹曼研究院一年技术的转让费就达 350 亿美金。没有科学技术就不会有今天的沙漠绿洲，也不可能创造出以色列沙漠农业的奇迹。可以说，严酷的自然条件和地缘政治环境，迫使以色列人为了生存迸发出在创新科技方面最大的潜能。

要想让企业未来有生命力，技术性组织的特性一定要强化，因为这对企业未来的持续性和竞争力有着至关重要的价值。

"以色列之行"给我带来了极大的冲击。这个国家的战斗精神、创新精神、全民创业精神，都给我带来了很大的触动。因此，我回国后，先在世华推动了"战斗型的组织落地"，然后将企业名称由"世华集团"改成"世华教育科技集团"，也就是希望我们在教育的过程中增加科技含量、技术含量，更好地为客户创造价值。

2. 任何时候都要有过硬的技术

不管你是一家什么样的企业，处于什么样的行业，都可以在科技创新方面加强，因为这将是未来参与竞争或提升竞争力的一个非常重要的指向。

海尔、联想、华为，这三家企业都是在同一个时代里非常成功的企业，是中国典型企业的代表。"海尔"偏管理，张瑞敏先生的管理思想、管理案例被很多单位借鉴，包括哈佛商学院；"联想"偏贸易，联想最开始代理产品，进行推广，产生了很好的效益，形成了优良的偏商贸的思维和基因；"华为"的目标是成为世界一流的设备供应商，是偏技术的企业。这三家企业都是时代的骄傲，相对而言，华为后劲比较强劲，华为16万名的员工中，有8万多名是从事研发型工作。这些顶尖、硬核的技术，让华为保持了一个强大的竞争力和组织生命力。

"联想"柳传志先生当年的创业伙伴是倪光南先生。倪光南先生技术出身，科研能力很强，技术也非常过硬。当时，联想提出的是"技、工、贸"模式，即"技术、工业、贸易"的发展模式。后来，倪光南先生跟柳传志先生在思想、观念、认知上有一些冲突，倪光南先生离开了联想。联想把发展模式从"技、工、贸"改成了"贸、工、技"，即"贸易为先导，工业的生产，技术为支撑"，"贸易先行"对联想的快速增长和发展起到了很大的作用。

我们也不妨思考一下，你的企业下一步发展是"技、贸、工"，还是"贸、技、工"，还是"工、技、贸"？选择不同，竞争就有所不同。建议各位读者选择"贸、技、工"或者"技、贸、工"的发展模式，也就是要把技术作为非常重要的一个核心特性。只有这样，企业未来的竞争力和生命力，才会变得更加强大。

3. 社会型企业才有更强大的生命力

构建最具生命力的组织特性的另一个关键，就是社会性。

社会性，即，企业具有什么样的社会属性，什么样的社会价值。就是说，你的企业能解决什么社会问题，能为社会作出什么样的贡献。企业的社会价值越大，社会贡献越大，社会感召力和影响力就越大，未来创造的社会财富，在社会的生命力就会越强大。

一般来说，企业可以分为这样几类：

（1）**倒卖式企业**。就是把一个产品低价倒过来，然后高价卖出去，从中获取价格差的企业。

（2）**项目式企业**。一个企业到底能干多久？领导者把它当成一个项目，这个项目可能是一年半载，这算是长的；短期就是三个月、半年干完就算了。

（3）**业务式企业**。不管有多大市场，多少同仁，多少部门，都是为了业务、为了销售，其他匹配部门、支撑部门几乎没有。这种企业不管你有再多的同仁，也还是业务式企业。

（4）**组合式企业**。组合团队，然后建立相应的部门，分工协调，驱动组织发展，创造企业绩效。

（5）**社会式企业**。这类企业有崇高的社会理想、社会追求和对社会价值的渴望。他们不仅是为了赚钱，还要实现某种社会价值。这种企业，就是"社会型企业"，企业创始人、董事长，称之为"社会企业家"。

自 2008 年出现"金融危机"和"经济危机"之后，我就倡导要做"社会企业家"。

只有把"社会使命、社会责任、社会生态"作为经营企业的一项原则或理想，企业才有更强大的生命力和持续力。

我们做任何事情，首先想到的是"谁的利益"？是"自己的"，还是"社会的"？两者在社会中的感召力和能量场是完全不一样的。

　　我出生在农村，家境贫寒，每年过春节时，才能大吃一顿肉。那时候都要"杀年猪"，杀完年猪后，炖一锅肉，煮一锅汤。临吃时，母亲说："儿子，赶紧把碗拿过来。"每个碗内盛上了肉后，我心想，终于可以大吃一顿了。

　　没想到，母亲说，儿子，这碗送谁家，这碗送谁家。更紧张的是，母亲说，儿子，还得拿两个碗来，还有两家差点忘记了。当我们兄弟姐妹给所有亲戚邻居送完肉回到家，揭开锅盖一看，发现锅里只剩下肉汤了。

　　当年很不理解，多年后我才发现，其实肉汤最有营养，营养人的思想、观念、习惯，营养人舍己为人，先人后己的思想认知和惯性。读者朋友，如果你也能先天下而后自己，就能得到天下的支持。如果先自己而后天下，那么，天下之路可能路路不通。

　　2020年春节以来，新冠疫情对各个行业产生了极大的影响，尤其对武汉企业的影响更大。2019年"第五届全球社会企业家生态论坛"评选出十一位"杰出社会企业家"，其中湖北卓尔控股的阎志董事长就是其中之一。

　　疫情在武汉爆发后，阎志第一时间捐赠1000万元人民币。捐赠后，他发现，疫区最缺的不是钱，而是物资。为了尽快筹到疫区所需物资，大年三十，阎志就组织所有核心团队开会，要求全球采购不设上限，不管数量和价格。短短6天，卓尔集团就采购了330万只口罩，30万件防护服，32000副护目镜，用4架专机运到武汉后，分发到湖北17个市区。更让人感动的是，卓尔集团又捐建了10家方舱医院，共收治7000余名病人，最后全部治愈出院。

　　阎志在朋友圈表达他内心"但尽所有"的抗疫决心，说疫情不结束，卓尔不停歇。不管是在朋友圈还是在头条，看到他分享的内容时，我都无比感动。阎志也是"社会企业家联盟"主席团成员，我在主席群中向他表示敬意时，他却淡然地说，他是在尽一个湖北人应尽的本分。

卓尔集团就在武汉，我相信他的企业也因为疫情受到了很大的影响，但他完全忘记了自己的利益得失，全心全意地投入到社会的关怀之中。我也相信，这次疫情之后，会有很多人像我一样，被阎志的精神所感动，被卓尔的大爱精神所感动，也一定愿意为卓尔事业的发展，贡献自己的力量。

什么样的企业最有生命力？就是社会型的企业。什么样的组织最有感召力？就是社会型的组织。

有人问我，企业家最大的特点是什么？我说，企业家的思维模式特别。社会企业家，他所表现的思维，首先想的是社会，然后是客户、同仁、伙伴、股东，最后才会是自己的利益。

人"无我"的时候，就有无限的可能、无限的能量、无限的感召力和无限价值创造的驱动力。所以，将自己的利益排在最前面时，可能你的客户、同仁、伙伴、股东，以及社会就会远离你。

自己最前，财富最浅；自己最后，财富最厚。古人讲"厚德载物"，实际上是"厚德载富"。

当你把社会的利益放在制高点，看似将自己的利益排在最后，却会得到社会各界的响应和力挺，同时客户、同仁、伙伴、股东在跟你链接时，你们就会有超越合作上的精神链接和情怀链接，这种驱动力、创造力将会更大、更强。

4. 四性合一才叫"可持续性"

如何构建最具竞争力和生命力的组织特性？就是将组织的"专一性、工匠性、技术性、社会性"，四个性能融为一体，形成"可持续性"。

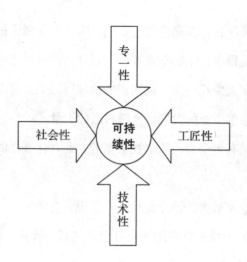

在企业和社会可持续性发展方面，非常值得推崇的企业家代表，就是远大科技的张跃董事长，他被评为"联合国地球卫士奖"，同时也被美国《财富》杂志评为"全球环保领袖"之一，张总也是"全球社会企业家生态论坛"2020年的轮值主席。

2018年11月11日，我和华泰保险集团董事长王梓木先生，他也是第四届"社会企业家生态论坛"的轮值主席，以及联合国气候变化委员会前主席、"诺贝尔和平奖"的获得者帕乔里先生，相约在长沙远大科技城，与张跃董事长一起探讨"企业和社会可持续性发展论坛"的相关议题。

在张总办公室，几百个卡片都写着有关可持续发展的建议，他对技术的执着，让我特别感动和敬佩。当时他跟我分享了一个观点，我特别认同，他说："一个有尊严的企业家，应该把自己的企业变成一个社会企业，不仅仅只关注增长、利润、竞争，作为一个企业家，在自己成功时，一定是把他的道德放在最起码的位置。"当我们谈到"企业可持续""社会可持续"这个话题时，张总对专一性、工匠性、技术性和社会性的组织特性，有高度的共识。

　　新冠肺炎发生以来，远大为火神山、雷神山，以及方舱医院提供了 400 多台具有强力消毒的远大净化器和一批让所有的医护人员不憋气的电动口罩——远大移动肺保。同时，远大也为韩国、意大利和伊朗等国提供了全套的抗疫装备。特别值得称赞的是，2020 年 3 月 8 日，远大与韩国签订了建设两座火神山医院的负压隔离病房，整个病房按照国际标准的集装箱进行运输，现场经过 1–2 天安装调试，就能接治病人。他们的工人说："每早一天建成负压病房，就能多挽救 5 个宝贵生命"。

　　远大不仅为武汉的疫情做出贡献，也为全球的抗疫做出了一个代表中国企业家的社会价值、社会意义的贡献。远大所体现出社会价值和社会能量，一定会得到全社会甚至全世界的认同。

想让组织有生命力、竞争力和持续力，就要在"专一性、工匠性、技术性、社会性"这四个组织特性方面持续地强化。做到这点，可持续性的增长就能在企业里得到真正的实现，希望更多的读者朋友和企业核心高管，能以"专一性为原点，以工匠性为引领，以技术性为杠杆，以社会性为驱动"，去创造更大的价值，也为企业赢得更大的发展空间。

作业实操

1.如何提升组织全员的技术性思维？

_____

_____

_____

2. 如何设定公司在技、工、贸这三点上的先后顺序？

_____

_____

_____

3. 如何让团队全员拥有厚德载富的思想？

_____

_____

_____

4. 如何让企业的发展更具有可持续性的增长？

_____

_____

_____

深落地、深研习持续高增长

看到这里，相信你已经全部学完了前面的章节。谢谢你一路的陪伴，为你的学习精神点赞。同时在你成长的道路上，能够让我走进你的生命，也是我人生莫大荣幸，我要在这里向你表示致敬和感谢。

学习是回报最高的投资，但投资回报的方式不是你学到、你知道，而是你要做到。你要在公司把知识内容变成知识价值，把知识体系变成你公司的管理体系，把老师的内容变成你公司的财富，这才是最重要的。

不管是树，还是任何植物，只有深扎根，才能长得更高、长得更远。企业发展也是同样的原理。为了更好地帮助大家把本书的七大系统落地，能够把书中的知识结构和知识体系，变成你公司的管理系统和运营体系，接下来我跟大家分享一下增长新引擎落地的九个关键。

第 1 个关键：建委立制。

建委就是建立学习委员会，设立学习官、检查官、落地官。立制就是订立学习的制度，什么时间组织学习，什么时间分享，分享哪些方面的内容？如何进行学习，在学习的过程当中应该遵守什么，不能违反什么，都要订立制度。

第 2 个关键：学透习熟。

学透就是要把内容反复地学、反复地体会、反复地感受；习熟就是熟记于心、熟记于胸，让书本中的内容成为你与生俱在的知识体系，这样才可能真正地在公司产生最大的价值。

第 3 个关键：作业分享。

作业分享当中可以分享你学到了什么，如何进行转化，对公司有什么建议。分享时间可以安排在晚上 9 点 –10 点，周六周日再复习作业，把作业再强化、转换一下，到周一的时候进行落地，在公司进行实操。

第 4 个关键：打分点评。

每一次作业分享之后，要进行打分，要进行点评，哪里做得好、哪里做得不好、哪里需要改进。

第 5 个关键：研讨方案。

如何根据作业、知识点来进行研讨？哪些方案最适合公司，哪些最适合组织，哪些最适合在企业落地？

第 6 个关键：全员考试。

触动团队再复习，再学习，并把知识点学透、弄懂，形成企业自己的一套知识体系，最简单的方法就是全员考试。

通过不断的考试，让团队自己重复、加强，慢慢地，整个组织的学习力和创造力，就可以通过这些知识点反复的琢磨，成为企业永久的知识成果。

第 7 个关键：相互竞赛。

通过考试让各个部门相互学习、竞赛。当有竞赛的时候，大家学习的热情、学习的动力和学习的参与感，就会大大提升。

第 8 个关键：奖惩公示。

经过考试、竞赛之后，表现好的要进行奖励，奖励可以是物质的，也可以精神的。惩罚的方式，你公示一下分数，其实就是一个惩罚；排一个名次，对靠后的员工也是一个惩罚；考试不及格的，需要重考、补考，也是一种惩罚。在考试后，如果分数过低的，可以让学习好的跟学习差的相互进行补充，采用 1 对 1 的引导。通过这些方式，能让整个组织的学习力、生产力，获得一个很大的提升。

第 9 个关键：复盘改进。

复盘改进，就是把学习的 9 个步骤不断升级，把学习的落地做得更好，对整个知识的转化、知识价值的升级，产生一个最有效地驱动。

企业的竞争其实是人才的竞争，而人才的竞争是管理者的竞争。企业真正强大的关键是什么？就是保持卓越管理者的连续性。当你依照这九大落地关键去贯彻、落实、执行，我相信你的企业一定会创造更好的绩效。很多内容不在于你学得多，而在于你扎得深，这才是知识真正能够发挥价值的关键力量。只有深落地，才会获得高增长；落地得越深，未来增长得越高，而且是良性的、持续的高增长。

任何一次危机的发生，它不仅是一个危机，更是一个契机。我们如何用正向的思维和逻辑找到新的可能、新的突破和新的增长才是危机生存中最重要的。

我已经从事了 20 多年的企业管理教育工作，但是我要告诉各位，我会一念一生、一生一世地把这份事业进行下去，不管在生命的任何时刻，我将陪伴你在未来的事业征途中，在梦想实现的过程中，给你智力的推动和智力的支持。

让我们共同成长、共同精进，永远感恩你对世华、对北京华夏管理学院、对我个人的爱与支持，我将以虔诚之心、敬畏之心继续教育事业，让我们一起加油！